हर व्यक्ति में कुछ न कुछ ऐसा अवश्य होता है जो उसे एक पहचान दे सकता है। हमें इसी को खोजना है। परंतु इस खोज तक ही हमारी जिम्मेदारी समाप्त नही हो जाती। हमें अपनी सामर्थ को खोजकर इसे अपने प्रयासों से बनाए भी रखना होता है।

यह पुस्तक सफलता की राह में आपकी सच्ची मार्गदर्शक सिद्ध होगी और आपको सफल जीवन जीने की कला सिखाएगी।

जीवन में सफल कैसे हों

डा. विनोद के. गुप्ता

डायमंड बुक्स

प्रकाशक : **डायमंड पॉकेट बुक्स (प्रा.) लि.**
X-30 ओखला इंडस्ट्रियल एरिया, फेज-II
नई दिल्ली-110020
फोन : 011-40712200
ई-मेल : sales@dpb.in
वेबसाइट : www.diamondbook.in
मुद्रक : रेप्रो (इंडिया)

Jeevan Mein Safal Kaise Ho
By : Dr. Vinod K .Gupta

समर्पण

उन्हें जो जीवन में सफल होने के लिए प्रयासरत् हैं।

अपनी बात

'शब्द' को 'ब्रह्म' कहा जाता है। लेकिन मैं मानता हूँ कि सत्य के प्रकटीकरण के मामले में, भाषा अपनी सीमाओं में बँधी है। अब आप 'विकास' को ही लें। मन जब सोचता है, तो सोचता ही चला जाता है। मन की भाषा में 'विकास' का अर्थ है– 'क्रमशः आगे बढ़ना'।

भूख और पाचन के परिणामस्वरूप बचपन, जवानी, प्रौढ़ावस्था, बुढ़ापा आदि अवस्थाओं को पार करता हुआ शरीर अंततः मृत्यु को प्राप्त होता है। शरीर के संदर्भ में 'विकास' जन्म से शुरू होकर मृत्यु के पड़ाव तक का नाम है।

मन और शरीर के मामले में विकास कई बार साँप-छछूँदर की स्थिति पैदा कर देता है। ऐसे में या तो हम दुःख को जीते हैं, अथवा विवेक की सहायता से सत्य को जानकर उसे स्वीकार करते हैं। स्वीकारोक्ति द्वारा हमें समझ में आता है कि इस प्रक्रिया का शुभारंभ तो हमारे जन्म से भी पहले हो चुका था। यदि हम अपने स्तर पर कुछ कर सकते थे तो केवल अपनी किशोरावस्था में। अर्थात् किशोर ही हैं, जो चाहें तो आत्मविकास को अपने जीवन का आधार बना सकते हैं। अन्यथा जैसे-जैसे उम्र बढ़ती जाती है, आत्मविकास की संभावना कम होती जाती है और 'आत्मविकास' 'स्वीकारोक्ति' का पर्याय बनता जाता है।

कमोबेश ऐसे ही किसी कारण से माँ-बाप कोशिश करते हैं कि उनकी

संतान विकास को अपना आधार बनाए, जबकि किशोर संतान, आत्मविकास-जैसी बातों से कोसों दूर भागती है।

यद्यपि इस विषय पर अनेक पुस्तकें हैं, जिनमें पश्चिमी विद्वानों ने अपनी संस्कृति और सभ्यता की सहायता से आत्मविकास की आवश्यकता को स्थापित किया है। कुछ ने सफलता के संदर्भ में धर्म को स्थापित किया है।

मेरी मान्यता है कि औद्योगीकरण के साथ ही धर्म अपना महत्त्व खो चुका है। ऐसी कोई भी धार्मिक पुस्तक अथवा ऐसा कोई धर्म-ग्रंथ नहीं है, जो काम की परिस्थितियों से उत्पन्न आदमी के द्वंद्व को समाप्त कर सके। यह तो धार्मिक आदमी की ज़िद है, कि वह जबरदस्ती इन परिस्थितियों में भी ध र्म-ग्रंथों की व्याख्या करता है। ऐसा करके वह अपने द्वंद्व को तो दूर नहीं कर पाता; हाँ, कट्टर अवश्य हो जाता है। यही वह वजह रही है, जिसने इस पुस्तक का आकार लिया है।

जब मैंने लिखना शुरू किया था तो किशोर आयु के विद्यार्थी मेरी आँखों में थे। धीरे-धीरे मुझे लगा कि हर वह व्यक्ति मेरा पाठक है, जो आत्मविकास अथवा धर्म एवं व्यवसाय से उपजे द्वंद्व से छुटकारा पाना चाहता है। अत: यह पुस्तक चिमनी से निकले धुएँ के समान व्यापक होती चली गई।

'जीवन में सफल कैसे हों' नामक इस पुस्तक को दो भागों में बाँटा जा सकता है। प्रथम खंड-'क्यों करें अपना विकास?' के अंतर्गत बताया गया है कि आत्मविकास की आवश्यकता क्यों है। दूसरे खंड में यह समझाया गया है कि आत्मविकास के लिए हमें क्या-क्या चाहिए। अर्थात्-लक्ष्य, आत्मसंयम, आस्थाएँ, आत्मविश्वास और आत्मसंतोष को अलग-अलग अध्यायों के माध्यम से समझाया गया है। ये सभी समायोजन अथवा आत्मविकास के महत्त्वपूर्ण अंग हैं।

समायोजन को आप अँग्रेजी के शब्द 'Adjustment' से भ्रांत मत करिए। अंतिम निष्कर्ष को 'जीवन की संपूर्णता (सफलता, सहजता और समायोजन)' नामक अध्याय में समझाने की कोशिश की गई है। कह सकते हैं कि जब तक शरीर शक्ति से छलकता रहता है, 'सफलता' आत्मविकास की पर्याय होती है। जब हम ठहराव के दौर से गुजर रहे होते हैं, तब 'सहजता'

हमारे आत्मविकास की पर्याय होती है। 'समायोजन' हम उतार के दौर में तलाशते हैं। लेकिन इस पुस्तक में 'आत्मविकास' को औद्योगिक परिस्थितियों के संदर्भ में 'समायोजन' के रूप में स्थापित किया गया है।

विषय थोड़ा कठिन, रूखा और गंभीर था। मेरी समस्या इसके प्रस्तुतीकरण की थी। मुझे अपनी सीमा भी ज्ञात थी। अर्थात् न तो दूसरों के समान मैं सोच सकता हूँ और न ही किसी के बारे में ढंग से कल्पना कर सकता हूँ। ऐसे में सदैव मैं अपने को ढीला छोड़ देता हूँ। इस बार भी मैंने यही किया है। परिणामस्वरूप यह पुस्तक 'जीवन में सफल कैसे हों' आपके सामने है।

डा. विनोद के. गुप्ता

अनुक्रम

प्रथम खंड

क्यों करें अपना विकास

द्वितीय खंड

क्या करें अपने विकास के लिए

प्रथम खंड

क्यों करें अपना विकास

प्राकृतिक दृष्टि

दुनिया में यदि सब कुछ अपने आप चल रहा है तो फिर हमें अपने आत्मविकास के बारे में सोचने की क्या जरूरत है, और यदि हम स्वयं में समर्थ हैं तब तो हमें वह करना चाहिए, जो हम करना चाहते हैं। ऐसे में आत्मविकास जैसे काल्पनिक विषय पर अपनी शक्ति खर्च करने की हमें क्या आवश्यकता है?

तर्कशील होने का एक लाभ यह है कि हम दूसरों से अपनी बात मनवा लेते हैं। तर्क या तो बहस के दौरान काम आता है, या फिर जब हम कुछ लिख रहे होते हैं तब हम तर्क की सहायता से अपनी बात को प्रभावशाली बनाते हैं; कहना चाहिए कि सामाजिक संदर्भों में तर्क हमारे जीवन को अर्थपूर्ण बनाने का महत्त्वपूर्ण हथियार है। वरना जीवन में तर्क कहीं नहीं चलता। जानते हैं, जिंदगी कब रसहीन लगने लगती है? तब, जब हमें उत्तेजनाएँ मिलनी बंद हो जाती हैं। लोग अपनी बोरियत दूर करने के लिए कुछ-न-कुछ करते रहते हैं। जैसे कुछ लोग बोरियत दूर करने के लिए चाय पीते हैं। कुछ को आपने पान खाते, सिगरेट पीते अथवा खैनी लेते देखा होगा। ये सब स्वयं को नए सिरे से उत्तेजित करने के तरीके हैं। जरा तर्कपूर्ण ढंग से सोचेंगे तो समझ में आएगा कि ये सब मूर्खतापूर्ण बातें हैं। निश्चित तौर पर मूर्खतापूर्ण होते हुए भी इन्हीं में जीवन की वास्तविकता छिपी है। लेख को रोचक बनाने के लिए उसमें कुछ उदाहरण, कुछ किस्से, कुछ कहानियाँ डाली जाती हैं। वरना सच्चाई से भरपूर, परंतु नीरस लेख को कौन पढ़ेगा? जैसे आप मेरे समाधान से उकताने लगे हैं। भाषण यदि हल्का-फुल्का और

मजेदार नहीं हो, तो श्रोता बोलने वाले को मिनटों में हताश कर देते हैं। स्वास्थ्य की दृष्टि से हानिकारक होते हुए भी चाट-पकौड़े वाले तथा हलवाई खूब कमाई करते हैं। कैसे? इसलिए कि सभी को रस चाहिए; और रस मिलता है इंद्रियों की उत्तेजित अवस्था में।

हालाँकि मुझे नहीं लगता कि डार्विन की विकासवाद की परिकल्पना जीवन और जगत् की सच्चाई दर्शाती है। फिर भी यदि इसे किसी सीमा तक ठीक मान भी लें तो कहना होगा कि जब पशु आदमी के रूप में विकसित हुआ होगा तब उस आदमी को शेष पशुओं से अलग रहने में रस लेने की प्रवृत्ति ने मुख्य भूमिका निभाई होगी। यानी जो पशु अपने भीतर रस लेने की क्षमता विकसित कर पाया होगा, वही धीरे-धीरे विकास करता हुआ आदमी बन पाया होगा।

कुछ लोग ऐसा मानते हैं कि आदमी ने समूह में रहना इसलिए शुरू किया ताकि वह सुरक्षित रह सके। लेकिन इस मान्यता में ज्यादा दम दिखाई नहीं देता। हिरन झुंड में रहकर भी शेर-चीतों से अपना बचाव नहीं कर पाते। हाँ, यौन-सुख, स्वयं के अस्तित्व को सार्थक बनाने का सुख और अपने-जैसों के साथ रहने का सुख ही वे कारण रहे होंगे, जिन्होंने आदमी को मिल-जुलकर रहने के लिए तैयार किया होगा। अर्थात् बिना सामाजिक बने हम सैक्स का आनंद नहीं ले सकते। संभवत: यह यौन-सुख की सुप्तावस्था अथवा सक्रियता ही है, जो हमें अपने से बाहर निकलने के लिए विवश करती है। कह सकते हैं कि एकांतवासी लोग या तो कुछ सृजन करते हैं या फिर मानसिक विकृतियों के शिकार हो जाते हैं। इसी प्रकार आदमी को तब तक आनंद प्राप्त नहीं होता, जब तक वह अपने अस्तित्व को श्रेष्ठ प्रमाणित नहीं कर पाता। यह श्रेष्ठता वह तभी प्रमाणित कर सकता है, जब वह दूसरों को हीन सिद्ध कर सके। अर्थात् आदमी अपनी आक्रामकता का आनंद सामाजिक बनकर आसानी से ले सकता है। शायद आदमी की आक्रामकता ने ही उसकी मदद की होगी। आप देखिए न, बच्चों की सामाजिकता के पीछे आक्रामकता से मिलने वाला यह सुख अधिक काम करता दिखाई देता है। दरअसल, बच्चे अपने-जैसों के बीच अधिक सहज रहते हैं, वही उनको सुख भी देता है।

आपने एक कहावत तो सुनी होगी कि रिश्तेदार तो दूर के होते हैं, लेकिन मुसीबत में पड़ोसी ही काम आते हैं। इसके साथ ही यह भी सच है कि पड़ोसी तो अगर भाई भी हो तब भी आपकी खुशी बर्दाश्त नहीं कर सकता। यह क्या बात हुई? वास्तव में यही तो सामाजिक जीवन का वह सच है, जो बतलाता है कि हमारी सामाजिकता एक ऐसा पैंडुलम है, जिसके एक तरफ यौन-सुख का आकर्षण है और दूसरी तरफ अपनी आक्रामकता की मदद से स्वयं को श्रेष्ठ प्रमाणित करने का आनंद है और यह तो हम सब जानते ही हैं कि सामान्य दशा में पैंडुलम स्थिर नहीं रहा करता।

तो दोस्तो! यह पैंडुलम की सामाजिकता, जब भी गायब होती है, आदमी अपने को अकेला महसूस करता है। इस अकेलेपन में कैसा लगता है, यह तो सिर्फ महसूस करने की बात है। हो सकता है, जिनमें सैक्स अपनी जैविक क्षमता खो चुका है अथवा जो शारीरिक रूप से कमजोर हैं उन्हें अकेलापन तंग न करता हो। वरना जिनमें शक्ति उफन रही हो, उन्हें सामाजिक होना ही पड़ता है। इसका अपना ही आनंद है।

हालाँकि अभी मेरी बात पूरी नहीं हुई है। फिर भी आप चाहें तो एक सवाल कर सकते हैं कि आपकी यह व्याख्या तो स्त्री-पुरुष संबंध अथवा व्यापक संबंधों की जाँच-पड़ताल करती है, लेकिन क्या बच्चे भी अपने माता-पिता का साथ या फिर माता-पिता अपने बच्चों का साथ इन्हीं कारणों से पसंद करते हैं?

नहीं, ऐसा नहीं है। दरअसल, आदमी ने समूह में रहना सीखा यौन-तुष्टि, अस्तित्व-तुष्टि और सामाजिकता की तुष्टि के लिए। लेकिन उसके परिवार बनाकर रहना सीखने के पीछे अपनी संतान को समर्थ बनते देखने के सुख अथवा अपने माता-पिता को सुरक्षित देखने के सुख की इच्छा है। वास्तव में आनंद लेने की क्षमता के विकास ने आदमी को जानवरों से श्रेष्ठ बनाया। दूसरी ओर, परिवार बनाकर रहने की क्षमता ने उसकी इस श्रेष्ठता पर मोहर लगा दी। अब यह निश्चित हो गया कि आदमी यदि परिवार बनाकर सुखपूर्वक रह सकता है तो कैसी भी कठिन स्थिति में अपनी पूर्व-अवस्था (पशु-जीवन) में नहीं लौटेगा। इसके साथ ही हमारी, परिवार के बीच आनंद

लेने की क्षमता ने कबीलाई मानसिकता को भी आगे बढ़ाया।

इतिहास के पन्नों पर लिखी इबारतें इसी सत्य को स्थापित करती हैं। आप चाहें तो विश्व-इतिहास को पढ़ लें। लेकिन इसे पढ़ने से पहले यह याद रखें कि आज जो भी इतिहास उपलब्ध है, वह पश्चिमी इतिहासविदों द्वारा लिखा गया है। इनकी सीमा यही है कि इन्होंने तर्क की सहायता से अपने दृष्टिकोण की पुष्टि करते हुए घटनाओं को इस्तेमाल किया है। जैसा कि मैंने स्वीकार किया है कि जिस प्रकार डार्विन ने विकासवाद को स्थापित किया है, भारतीय मनीषा विकासवाद को उस रूप में स्वीकार नहीं करती। उदाहरण के लिए यदि आप उपनिषदों को पढ़ें तो आपको समझ में आएगा कि भारतीय मनीषा ने जीवन, जगत् और ब्रह्म को समझने के वे सभी प्रयास किए हैं, जिनकी पश्चिम वाले खूब प्रशंसा करते हैं और जिन्हें अपनी मौलिकता के रूप में स्थापित करते हैं।

पिछले दिनों मैंने अपने एक बुजुर्ग साथी को 'प्रस्थानत्रयी' पढ़ने के लिए दी। इस पुस्तक में उपनिषद्, ब्रह्मसूत्र और श्रीमद्भगवद्गीता को एक साथ प्रस्तुत किया गया है। मेरे वे बुजुर्ग साथी समर्पित मार्क्सवादी हैं। उन्होंने जीवन के प्रति अपना जो दृष्टिकोण विकसित किया है, वह मार्क्स के भौतिकवादी दृष्टिकोण पर आधारित था। उनके जवान बेटे की मौत ने उन्हें पूरी तरह हिला दिया। ऐसे में जब उन्होंने प्रस्थानत्रयी का अध्ययन किया तो वे आश्चर्यचकित रह गए। उन्होंने कहा–'मैं तो आश्चर्य में हूँ कि ऐसी किताबें मैंने पहले क्यों नहीं पढ़ीं! मैं तो समझता था कि हमारे ऋषियों ने केवल धर्म की ही खिचड़ी पकाई है। लेकिन इसे पढ़कर तो लगता है कि उपनिषद्कार तो मार्क्स और हीगल से भी आगे बढ़कर भौतिकवादी रहे होंगे।' तो ऐसे हुआ उनका हृदय-परिवर्तन।

वास्तव में हम बुद्धिजीवियों की यह विशेषता है कि हम बिना जाने-बूझे जीवन के बारे में, लोगों के बारे में, चीजों के बारे में तथा जगत् के बारे में अपनी राय बना लेते हैं। जब हम लिखते हैं तो अपने दृष्टिकोण की पुष्टि के लिए विभिन्न उदाहरण भी प्रस्तुत करते हैं। सचमुच इस संसार का जितना बुरा अपराधियों ने किया होगा, उससे कहीं अधिक नुकसान

बुद्धिजीवियों ने किया है। कितना आसान है तुलसी को भ्रष्ट प्रमाणित करना। दरअसल, यही तो है अपने अस्तित्व को श्रेष्ठ प्रमाणित करने का सुख। अन्यथा चाहे नकल ही सही, लेकिन क्या तुलसी के समान इतने बड़े महाग्रंथ की रचना करना इतना सरल है? रामचरितमानस, कवितावली, हनुमान-चालीसा आदि की रचना में कितनी साधना की होगी तुलसीदास ने? कितने सुखों का उन्होंने त्याग किया होगा? अपने भीतर तुलसी कितनी बार डूबे होंगे? लेकिन बुद्धिजीवी केवल दृष्टिकोण की पुष्टि के लिए अपने तर्कों की सहायता से तुलसी की तमाम अनुभूतियों को और तुलसी की सारी साधना को अपने गिने-चुने पन्नों के लेख में नकार देते हैं। यही है तर्क की शक्ति का चमत्कार कि हम बरसों की साधना के फलस्वरूप अर्जित अनुभूतियों पर पानी फेर देते हैं।

भला हो जर्मन भाषाविद् तथा दार्शनिक मैक्समूलर का, अन्यथा भारतीय बुद्धिजीवी पश्चिम के चश्मे से अपने ही देशवासियों को अनपढ़-गँवार प्रमाणित करते रहते। अब क्योंकि पश्चिम ने भारतीय योग, भारतीय अनुभूतियों आदि को मान्यता दे दी है, इसलिए आज हमारे बुद्धिजीवियों के बीच एक रिवाज-सा बन गया है कि वे अपनी पुस्तक के प्रारंभ में संस्कृत का श्लोक लिखें और फिर उसका अँग्रेजी में अनुवाद करें। दरअसल, अपनी अनुभवजन्य तर्क पर आधारित व्यवस्था से पश्चिम का नागरिक पीड़ित है। आज वहाँ अनुभूतिजन्य उपलब्धियों की माँग है। ऐसे में हमारे बुद्धिजीवी अब इन उपलब्धियों को बेचने की होड़ में शामिल हो गए हैं। चूँकि उनके प्रयास 'बाजार' पर आधारित हैं, इसलिए हमारे देश को किसी प्रकार के लाभ की आशा नहीं करनी चाहिए। वरना दूसरों को ज्ञान बेचने वाले हमारे बुद्धिजीवी पश्चिमी तकनीक का भारतीयकरण करके प्रबंधन का ऐसा कोई नमूना पेश करते, जो हमारे देश की जनता को लाभान्वित करता। मगर हमारे बुद्धिजीवी तो योग को बीमारियों से बचाव के साधन से अलग प्रस्तुत नहीं कर पाए। कहना चाहिए कि डाक्टर हर्बर्ट बेंसन ने योग को 'शिथिलन क्रिया' के रूप में स्वीकार किया था। हमारे बुद्धिजीवी भी योग को इसी रूप में प्रस्तुत कर रहे हैं। यानी पश्चिमी चिंतन ने जो दृष्टिकोण हमें दिया, हम उसकी मात्रा घटा-बढ़ा रहे हैं, परंतु साधना की आँच में तपकर भारतीय मनीषा की

उपलब्धियों के दिशा-निर्देशन में अनुभूतिजन्य सत्य को जीकर हमारे बुद्धिजीवी अपना दृष्टिकोण विकसित करने में यकीन नहीं रखते।

जानते हैं, मूल विषय से हटकर मैंने इतना लंबा-चौड़ा व्याख्यान क्यों दिया? इसलिए कि परिवार के बीच में सुख ढूँढने के दौर में भारतीय मनीषा ने अनुभूतियों के धरातल पर अपने प्रयोग आरंभ किए। यह इन प्रयोगों का ही सुफल था कि हमारे देश में सबसे पहले दूसरों को जीने का अधिकार दिया गया। 'जिओ और जीने दो' का नारा देनेवाले महावीर स्वामी से सैकड़ों साल पहले भारतीय मनीषा ने 'वसुधैव कुटुम्बकम्' का उद्घोष किया था। यानी जीवन और जगत् के प्रति स्वीकृति का भाव रखते हुए संसार में सबसे पहले हमारे मनीषियों ने आक्रामकता का सृजनात्मक रूप प्रस्तुत किया था। कह सकते हैं कि जीने का असली आनंद तभी लिया जा सकता है, जब हम दूसरों को जीवन जीने के अवसर सुलभ कराएँ। जब तमाम सभ्यताएँ परिवारवाद की धुरी पर मारकाट मचा रही थीं, उस दौर में भारतीय मनीषा विश्व-कल्याण के प्रति समर्पित होकर एक नए प्रकार के आनंद का रसपान कर रही थी।

मानव-मन की जाँच-पड़ताल करने वाले जानते हैं कि यौन-तुष्टि, अस्तित्व-तुष्टि, सामाजिकता की तुष्टि और अपने परिवार के सदस्यों की उपस्थिति से मिलने वाली तुष्टि के रहते विश्व-कल्याण के प्रति समर्पण से मिलने वाली तुष्टि कितनी कठिन और वास्तविक है? वास्तव में ऐसा तभी संभव है, जब हम लगातार अपना उदात्तीकरण (Sublimation) करते चले जाएँ।

अब आप पूछेंगे कि यह उदात्तीकरण क्या होता है?

जब किसी ठोस वस्तु को गर्म किया जाता है तो वह पिघल जाती है। जब उसे और अधिक गर्म किया जाता है तो वह भाप बनकर उड़ जाती है। जैसे बर्फ को गर्म करने से पहले वह पिघलकर पानी बनती है। पानी जब गर्म किया जाता है तो वह भाप बनकर उड़ जाता है। लेकिन यदि कपूर को गर्म किया जाए तो वह बिना पिघले उड़ जाता है। इसी को उदात्तीकरण कहते हैं। शुरू में आवश्यकताएँ केवल शरीर को बनाए रखने के लिए होती हैं, जैसे जिंदा रहने के लिए हवा, पानी, भोजन आदि की आवश्यकता होती है। इस मामले में आदमी और दूसरे जीवों में कोई विशेष अंतर नहीं है। इसी प्रकार

यौन और आक्रामकता के मामले में भी आदमी और अन्य प्राणियों में कोई अंतर नहीं है। अंतर शुरू होता है इस बात से कि जानवर अपनी यौन-क्रियाओं और आक्रामकता का इस्तेमाल प्रजनन और अपने को संचालित करने के लिए करते हैं; जबकि आदमी इनका इस्तेमाल इसलिए तो करता ही है, साथ ही सुख लेने के लिए भी करता है। इसी प्रकार परिवार बनाकर तो जानवर भी रहते हैं, लेकिन उनका ऐसे रहना किसी प्रकार की भावनात्मकता का परिणाम नहीं है। जबकि आदमी भावनात्मक स्तर पर अपने परिवार से जुड़ता है। समष्टि में इस सबका तात्पर्य यह है कि जब परिस्थितिवश आदमी की भौतिक, जैविक अथवा मानसिक आवश्यकताएँ पूरी नहीं हो पातीं, तो वह इसका कारण जानकर उसको दूर करने की कोशिश करता है। जैसे जब आपको किसी वस्तु की जरूरत होती है तो आप अपनी माँ से कहते हैं। माँ अगर नहीं देती और आपके लिए वह वस्तु जरूरी होती है, तो आप खुशामद करते हैं। जब खुशामद से भी काम नहीं चलता तो माँ को परेशान करते हैं; घर में ऊधम मचाते हैं; आपस में लड़ना शुरू कर देते हैं। इससे भी अगर काम नहीं चलता तो फिर क्या करते हैं? तब या तो उस वस्तु को भूलने की कोशिश करते हैं, या फिर कोई और जुगाड़ करते हैं, अथवा कल्पना करते हैं कि जब आप समर्थ हो जाएँगे, तब ऐसी ढेर सारी वस्तुएँ खरीदेंगे।

हाँ, एक काम और भी करते हैं। माँ आपसे जिन बातों की अपेक्षा करती है, आप उनको पूरा करते हैं। आपके व्यवहार से खुश होकर माँ आपको वह दे देती है, जिसकी आपको जरूरत है। अब जरा सोचिए कि आपका कोई दोस्त है और वह गरीब है। जरूरत उसकी है, आपकी नहीं। फिर भी आप वह सब करते हैं, जिसकी माँ आपसे अपेक्षा करती है। ऐसे में खुश होकर माँ आपका जेबखर्च बढ़ा देती है और आप उस जेबखर्च से अपने गरीब दोस्त की फीस भरते हैं। ऐसा आप एक बार नहीं बल्कि लगातार करते हैं। आपका यह व्यवहार ही तो उदात्तीकरण कहलाता है।

अब सोचिए कि जब आप माँ को तंग करके पैसे वसूलते थे, तब आप कैसी मन:स्थिति में होते थे? जब आप माँ की अपेक्षाएँ पूरी करके अपने दोस्त की मदद करते थे तब कैसी मन:स्थिति में होते थे? एक दूसरी संभावना भी

है कि जब आप माँ की अपेक्षाओं को पूरा करके बदले में मिले पुरस्कार का इस्तेमाल सिर्फ अपनी आवश्यकताओं अथवा इच्छाओं को पूरा करने में करते हैं। ऐसे में आपकी मन:स्थिति कैसी होती है?

कह सकते हैं कि पहली स्थिति में आप अशांत और स्वार्थी बालक थे, जो अपनी माँ का अनादर तो करता ही था, साथ ही तनाव में रहने, अथवा कहना चाहिए कि, तनाव बनाए रखने में ही खुश रहता था। दूसरी स्थिति में आप जीवन को स्वीकार करके उसे और बेहतर बनाना चाहते थे। और तीसरी स्थिति में आप स्वीकारोक्ति के भाव के साथ जीवन का आनंद लेना चाहते थे। अब यदि व्यापक सामाजिक दृष्टिकोण से सोचें तो पहली स्थिति में आप सामाजिक शांति को भंग करने वाले थे। तीसरी स्थिति में परिस्थिति के अनुसार व्यवहार या कार्य करने वाले और दूसरी स्थिति में आप समाज-कल्याण की भावना से प्रेरित थे। लेकिन दुनियादारी और क्षणिक स्वार्थों की दृष्टि से देखें तो सुखी और संपन्न आप तीसरी अर्थात् उस स्थिति में थे, जब अपनी उपलब्धियों का इस्तेमाल केवल अपने लिए करते थे। अन्यथा भौतिक दृष्टि से संपन्न कम-से-कम आप दूसरी स्थिति में नहीं होते। और यदि पहली और तीसरी मन:स्थिति वाले चाहें तो कभी भी आपको अपने से हीन प्रमाणित कर सकते हैं।

अक्सर ऐसा ही होता है। संभवत: यही कारण रहा होगा, जब भारतीय मनीषियों ने विश्वकल्याण के प्रति समर्पण के दौरान पाया होगा कि ऐसे प्रयासों को निहित स्वार्थों वाले जब चाहें तब निष्फल कर सकते हैं। इसी आशंका को निर्मूल करने के लिए भारतीय मनीषियों ने आत्मविकास के प्रयासों को विश्वकल्याण की भावना से ऊपर माना।

यह सही है कि हमारी भावनात्मक आवश्यकताएँ शारीरिक अथवा जैविक आवश्यकताओं से श्रेष्ठ हैं। हमारी मनोवैज्ञानिक (सूक्ष्म भावनात्मक) आवश्यकताएँ स्थूल भावना से श्रेष्ठ हैं। परंतु हमारी जो चेतना है, जिसका आधार तो हमारे शरीर की जैव-रसायन प्रक्रियाएँ हैं, लेकिन जिसकी उपस्थिति का प्रमाण केवल निजी अनुभूतियों के स्तर पर मिलता है, वह हमारी सूक्ष्म भावनात्मक आवश्यकताओं से भी प्रबल और श्रेष्ठ है। पहले तो पश्चिम के

वैज्ञानिकों ने चौदहवीं शताब्दी के आसपास भावना अथवा चेतना जैसी सूक्ष्म अनुभूतियों को नकार दिया था। लेकिन सिगमंड फ्रायड तथा विलियम जेम्स के प्रयासों के बाद अब तो एक लहर-सी आ गई है। भारतीय मनोविज्ञान से प्रभावित होकर अथवा अपने अनुभवों के आधार पर पश्चिम के मनोवैज्ञानिक अब इस बात को स्वीकार करने लगे हैं कि विश्वकल्याण, पर्यावरण-संतुलन और मानवीय क्षमताओं के विकास एवं समायोजन के मामले में भारतीय मनीषा की उपलब्धियों से काफी कुछ सीखा जा सकता है। यही वह संभावना है, जिसने हमारे बुद्धिजीवियों को पश्चिम के बाजार में भारतीय अनुभूतियों को बेचने के लिए प्रेरित किया है। लेकिन यह बेचना उनको तब तक मार्गदर्शक के रूप में स्थापित नहीं कर सकता, जब तक वे स्वयं उस सत्य को अनुभूतियों के स्तर पर जीना प्रारंभ न करें।

आपने पढ़ते समय अनुभव किया होगा कि कभी-कभी कोई अध्यापक अपने ज्ञान ने विद्यार्थियों को खूब चमत्कृत करता है। कभी-कभी तो ऐसा भी हो जाता है कि हम किसी अध्यापक से इस सीमा तक प्रभावित हो जाते हैं कि उसकी बातें और उसका व्यवहार हमारे जीवन के आदर्शों को निर्धारित करने लगते हैं। यह है अध्यापक का प्रभाव, जो ज्ञान से कहीं अधिक प्रबल होता है और अध्यापक अपना प्रभाव तब छोड़ता है, जब वह आत्मविकास से प्रेरित होकर समाज-कल्याण करता हुआ अनुभूतियों के स्तर पर चेतना के सत्य को जीता है।

यही वह शक्ति है, जो हमें संपूर्ण बनाती है। जो पथभ्रष्ट हैं वे हमारे संपर्क में आकर दिशा ग्रहण करते हैं। जो दुष्ट हैं उनकी दुष्टता बलहीन हो जाती है। जो निर्बल हैं वे अपने जीवन में आशाओं का नवसंचार अनुभव करते हैं।

संभवत: आज विश्व भारत से यही अपेक्षा करता है। सिर्फ भारत से इसलिए, क्योंकि यहाँ के संस्कार आदमी को आस्थाएँ प्रदान करते हैं। सुनिए! अब संकोच छोड़िए। जो मैंने लिखा है उसे समझिए। उस पर मनन-चिंतन कीजिए और स्वयं को संपूर्ण बनाने के लिए प्राणपण से जुट जाइए। कौन जाने, प्रेरणा का यह सुअवसर फिर कब आएगा।

❑❑

ऐतिहासिक दृष्टि

एक विशेष प्रकार की मनोवृत्ति होती है, जिसके प्रभाव में आदमी हमेशा पीछे ही मुड़कर देखता है। लोग कहते हैं कि राम पुष्पक विमान में बैठकर लंका से अयोध्या गए थे। यानी हमारे पूर्वजों ने भी विमान उड़ाए हैं। कहीं आपका आत्मविकास वैसा ही आत्मविकास तो नहीं है? जिस देश के मनीषी संपूर्ण बनने में दक्ष रहे हों, उस देश के खिलाड़ी मात्र पिछड़ने के और कुछ न करें, यह कैसे संभव है? वर्तमान को देखकर तो नहीं लगता कि हमारा इतिहास गौरवपूर्ण रहा होगा। और यदि रहा भी हो तो उससे क्या अंतर पड़ता है। प्रशंसा सफलता की होती है। हारने वाले को कौन पूछता है! मुझे तो लगता है कि यह हमारी अहिंसा के प्रति आस्था ही है, जिसने हमारे खिलाड़ियों से संघर्षशीलता छीन ली है। जब दूसरे जीतने का प्रयत्न करते हैं, हमारे खिलाड़ी यही सोचते हुए उन्हें जीतने में सहायता करते हैं कि यह जीवन तो नश्वर है। हार-जीत में रखा ही क्या है!

विश्वकल्याण की भावना से प्रेरित होकर काम करने की हानि ही यह है कि व्यावहारिक और स्वार्थी प्रवृत्ति के लोग आपको जब चाहें तब इस्तेमाल कर लेते हैं। इसीलिए आत्मविकास की दृष्टि से किए गए प्रयासों की उपस्थिति में ही कल्याण-भावना, हमारा और समाज का कल्याण करती है। मोटे तौर पर ऐसे समझिए कि यदि मुझे यह न मालूम हो कि आप मुझसे चाहते क्या हैं, तो मैं आपको दे क्या सकता हूँ? जो मुझे आपको देना है, क्या उसे ग्रहण करने की सामर्थ्य आपमें है? यदि है तो कितनी? यदि नहीं है तो आपको देने का और क्या तरीका होगा? इन सब जानकारियों के अभाव में

अगर मैं सिर्फ यही भावना रखूँ कि आपका कल्याण हो, तो इसका मुझे सिर्फ इतना लाभ होगा कि मैं ईर्ष्या, द्वेष, चिंता जैसी स्थितियों से बचा रहूँगा। वह भी तब तक, जब तक आप सकुशल आगे बढ़ते रहते हैं। अन्यथा आपके भविष्य को लेकर मुझे चिंता तो होगी ही। जीवन का एक सिद्धांत है कि चिंता या ईर्ष्या में से कोई एक यदि मन में आ जाए तो मन शेष सभी दुर्गुणों से भर जाता है। यानी सिर्फ इतना न जानने से कि इस समय मुझे क्या करना है और मुझसे क्या अपेक्षा की जा रही है, मैंने असफलता, अस्वास्थ्य और दुख को अपनी नियति बना लिया है। तो दोस्तो, जब तक हम जागरूक रहकर लगातार अपने विकास के लिए कोशिश नहीं करते, तब तक हम केवल विश्वकल्याण की बातें ही कर सकते हैं, इससे ज्यादा कुछ नहीं।

अब मैं बतलाता हूँ कि हमारे गौरवशाली इतिहास और असफल वर्तमान के बीच यह असमानता क्यों है?

आप एक कहानी लिखिए। एक ऐसी कहानी, जो सिर्फ एक पृष्ठ की हो और थोड़ी क्लिष्ट और अस्पष्ट हो। अब आप उस कहानी को अपने दोस्त को पढ़ने के लिए दे दीजिए। जब वह कहानी पढ़ ले तो आप उस कहानी को वापस ले लीजिए। अब उससे कहिए कि वह उस कहानी को ठीक वैसा ही लिखकर दूसरे दोस्त को दे दे। जब आपका दूसरा दोस्त उसको पढ़ ले तो आप कहानी वापस लेकर उससे कहिए कि वह उस कहानी को ठीक वैसा ही लिखकर तीसरे दोस्त को दे दे। इसी तरह अपने सभी दोस्तों से करने को कहिए। जब आप कम-से-कम पंद्रह दोस्तों से कहानी लिखवा चुकें, तब अपनी कहानी का मिलान पंद्रहवें दोस्त की कहानी से कीजिए। क्या हुआ? दोनों कहानियाँ बिल्कुल अलग हैं न। आपने तो सबसे कहा था कि वे कहानी को ठीक वैसा ही लिखकर दें, जैसा उन्होंने पढ़ा था। उन्होंने अपने तौर पर वही किया, जो आपने कहा था।

यह तो तब की बात है, जब आपके सभी दोस्त कहानी को वैसे ही लिखना चाहते थे। जानते हैं ऐसा क्यों हुआ? इसलिए कि हम सभी की समझने की क्षमता, योग्यता और याद रखने की शक्ति अलग-अलग होती है। सीखने के तुरंत बाद हम सीखे गए का पचास प्रतिशत भूल जाते हैं। आपके

इस प्रयोग में ऐसा इसलिए हुआ क्योंकि कहानी थोड़ी क्लिष्ट और अस्पष्ट थी। इसलिए पहले दोस्त के लिए भी यह क्लिष्ट और अस्पष्ट रही। एक तो कहानी ठीक से समझी नहीं गई, दूसरे पढ़ने के बाद पचास प्रतिशत आपका दोस्त भूल गया। इस पर आपका यह आदेश कि कहानी को ठीक वैसा ही लिखकर दूसरे दोस्त को दे दो। परिणाम यह हुआ कि उसने आपकी आधी-अधूरी कहानी को अपनी तरफ से और क्लिष्ट तथा अस्पष्ट बनाकर दूसरे को दे दिया। कम या अधिक सभी ने ऐसा ही किया। ऐसे में कहानी का सत्यानाश तो होना ही था।

सीखने और भूलने के विषय में काफी अनुसंधान हुआ है। हमारी बुद्धि के स्तर पर ही हमारा सही ढंग से सीखना और याद करना निर्भर है। एक सप्ताह के बाद यदि हम अपने मन से सीखे हुए को दोहराएँ तो हम केवल तैंतीस प्रतिशत ही दुहरा सकते हैं। अब यह अलग बात है कि हम कितना सही सीखने की कोशिश करते हैं, और कितने मन से सीखते हैं। यह तो आप जानते ही हैं कि कई बार रात में पढ़ते हुए हमें घड़ी की टिक-टिक सुनाई देती है और कई बार सुनाई नहीं देती, जबकि घड़ी लगातार चल रही होती है और हमने भी कानों में रुई नहीं लगाई होती। दरअसल, टिक-टिक का सुनाई देना अथवा न देना हमारे ध्यान यानी मन के ऊपर निर्भर है। जब हमारा मन पढ़ने में रमा होता है तब हमें घड़ी की टिक-टिक सुनाई नहीं देती। जब हमारा मन पढ़ाई से उचटता है तभी टिक-टिक सुनाई देने लगती है। अब आपको यह याद दिलाने की जरूरत तो नहीं है कि पढ़ने में आपका मन तब लगता है, जब आपको वह विषय अच्छा लगता है, समझ में आता है और आप उसमें और अच्छा करना चाहते हैं। वरना आपको घड़ी की टिक-टिक ही सुनाई देती रहती है। कहना चाहिए कि क्लिष्टता और अस्पष्टता के कारण आपको मन से काम करने में कठिनाई होती है। क्या क्लिष्ट है और क्या अस्पष्ट, यह सबके लिए अलग-अलग है।

मेरे विचार में आप भी अब मुझसे सहमत होंगे कि हमारी योग्यता, क्षमता, रुचि तथा आवश्यकता के अनुरूप चीजें सरल और साफ होती हैं। वे जितनी ग्राह्य (ग्रहण करने योग्य) होती हैं, उतनी ही सहजता के साथ हम मन

लगाकर सीख लेते हैं। अगर शब्दश: दुहराने की जरूरत होती है तो हमें कई बार दुहराना होता है। वरना मुख्य-मुख्य बातों को याद कर लिया जाता है।

अब चूँकि इस वास्तविकता की आपको पूर्ण जानकारी हो गई है, इसलिए मैं आपकी शंकाओं व आरोपों का उत्तर देता हूँ।

भारतीय मनीषियों ने अपनी निजी अनुभूतियों से अर्जित उपलब्धियों को जिस भाषा में लिपिबद्ध किया, वह संस्कृत थी। लिखने का माध्यम पद्य में था। एक तो संस्कृत अपने-आपमें पूरी तरह से वैज्ञानिक भाषा है। दूसरे पद्य में लिखी होने के कारण यह याद करने के विषय में सरल व सहज है। यह तो था प्रशंसात्मक आयाम। अब थोड़ा वास्तविकता की दृष्टि से सोचिए। आम आदमी व्याकरण की दृष्टि से भाषा का इस्तेमाल नहीं करता। यह तो आप मानेंगे कि मैं अपनी बात हिंदी में बड़ी सहजता और मौलिकता के साथ कह लेता हूँ। लेकिन दफ्तर में हिंदी में काम करना मैं पसंद नहीं करता। जानते हैं क्यों? इसलिए कि दफ्तर में जो भाषा इस्तेमाल की जाती है, उसमें व्याकरण का ध्यान खूब रखना पड़ता है। अर्थात् दफ्तर में असहज होकर हिंदी में काम करने से बेहतर है कि उस भाषा में काम किया जाए, जिसमें आप सहज महसूस करते हों।

अर्थात् संस्कृत मनीषियों की भाषा तो अवश्य रही होगी, परंतु आम आदमी के लिए यह क्लिष्ट भी अवश्य रही होगी। पद्य जहाँ याद करने में सहज होता है, वहीं समझने के मामले में दुरूह होता है। दूसरे उसमें हर आदमी को अपने ढंग से व्याख्या करने की छूट होती है।

बिहारी की सतसई तो आपने अवश्य पढ़ी होगी। मुझे किसी ने बिहारी के बारे में एक किस्सा सुनाया था। प्रस्तुत संदर्भों में यह बड़ा प्रासंगिक है।

बात उन दिनों की है, जब बिहारी के दोहे जनता में चर्चित होने लगे थे, लेकिन बिहारी एक कवि के रूप में स्थापित नहीं हो पाए थे। घर में फाकों की हालत चल रही थी। बिहारी के युवा बेटे ने सलाह दी–'आपको अपने राजा से मिलना चाहिए। आपको तो अपनी कद्र करनी ही नहीं आती।' बेटे को माँ का समर्थन भी मिला। नतीजा यह हुआ कि बिहारी को उसकी जिद के आगे झुकना ही पड़ा। दोनों राजदरबार में पहुँचे। बिहारी के दोहों पर

साहित्यिक चर्चा चल रही थी, इसलिए किसी ने नहीं टोका। चूँकि बिहारी को कोई पहचानता नहीं था, सो दोनों बाप-बेटे चुपचाप बैठ गए। किसी का भी उनकी ओर ध्यान नहीं गया, क्योंकि हर आदमी अपने ढंग से बिहारी के दोहों की व्याख्या कर रहा था। बेटा उत्तेजित हो रहा था पर बिहारी किसी चिंता में डूबे हुए थे। बेटा सोच रहा था कि पिताजी अपना परिचय क्यों नहीं देते! यही तो समय है धन प्राप्त करने का। साहित्यिक चर्चा चलती रही, बिहारी गुमसुम बैठे रहे और उनका बेटा पिता की खामोशी पर भीतर-ही-भीतर उबलता रहा। आखिर बिहारी ने बेटे को चलने का इशारा किया और राजदरबार से बाहर निकलकर राहत की साँस ली। वे बोले, 'अच्छा हुआ, यहाँ मुझे कोई जानता नहीं। मैंने तो लिखते समय दो-चार अर्थों की कल्पना की थी। यहाँ तो हर आदमी प्रत्येक दोहे की व्याख्या अपने ढंग से कर रहा है।'

सचमुच अच्छे साहित्य की यही नियति होती है। जब तक लोग नजरअंदाज कर सकते हैं, करते हैं। जहाँ मान्यता मिली तो फिर साहित्यकार आश्चर्य करता है कि इसकी यह व्याख्या भी हो सकती थी। और पद्य के मामले में तो ऐसा बहुत अधिक मात्रा में होता है। किसी भी सफल और सार्थक रचना से जुड़कर गौरवान्वित महसूस करना हर आदमी की कमजोरी होती है।

भारतीय मनीषा की उपलब्धियों से जुड़ना सभी को गौरवान्वित करता होगा। पद्य में होने के कारण ज्यादातर को यह याद भी रही होंगी। अनुभूतियों की गहराई के कारण उनकी दुरूहता और क्लिष्टता आम आदमी को चमत्कृत भी करती होगी। मगर वह उन्हें समझ भी पाता होगा, इसमें संदेह है।

एक और बात। अनुभूतियों की आखिरी सीमा पर पहुँचकर चित्त की वृत्तियों का शमन हो जाता है। ऐसी दशा में भाषा गूँगी हो जाती है। अनुभूतियों की उस स्थिति को भारतीय मनीषियों ने संस्कृत पद्य के माध्यम से प्रस्तुत किया है। संस्कृत के श्लोकों को दुहराने अथवा अनुवादित करने के अलावा समझा केवल तभी जा सकता है, जब हम अपनी अनुभूतियों के स्तर पर उस सत्य को जिएँ। जी तो सकते हैं बशर्ते कि यौन-तुष्टि, आक्रामकता की तुष्टि, सामाजिकता की तुष्टि और परिवार के सदस्यों की उपस्थिति से मिलने वाली

तुष्टि के आनंद का हम त्याग कर सकें। शब्दों की बात दूसरी है, वरना विपरीत लिंगी के व्यक्तित्व का आकर्षण पलकों में इतने सपने सजा देता है कि आँखें खोलने से भी डर लगता है। यह तो आप जानते ही हैं कि कुर्सी का मोह क्या होता है। जब सफलता दस्तक देती है, आदमी अपना लोभ नहीं छोड़ पाता। सामाजिकता तो मकड़ी के उस जाल की तरह है, जो दिखता तो बड़ा कमजोर है, लेकिन जो इसके घेरे में आ जाता है, वह मरकर भी नहीं छूटता। यही सामाजिकता तो हिंदुओं का गृहस्थ-आश्रम है। यानी इतने प्रलोभन हैं कि आदमी एक से छूटता है और दूसरे के चक्कर में फँस जाता है।

ऐसे में भारतीय मनीषियों की उपलब्धियों को समझना असंभव नहीं तो मुश्किल अवश्य है। हाँ, समझने का दावा करके स्वयं को गौरवान्वित अनुभव करने के लिए दो शर्तों को पूरा करना जरूरी है। एक : अधिक-से अधिक श्लोकों को कंठस्थ करना। दो : उनकी ज्यादा-से-ज्यादा व्याख्याएँ प्रस्तुत करना। हमारे बुद्धिजीवियों ने यही दोनों काम खूब किए हैं। इन्हीं दोनों की मदद से उन्होंने समाज में स्वयं को महिमामंडित किया। यह सही है कि एक विशेष मन:स्थिति के अभाव में मात्र तर्क की सहायता से वेदों को नहीं समझा जा सका। इस तथ्य की आड़ लेकर उन्होंने अपनी महत्ता को बनाए रखने के लिए वेदों का अध्ययन आम आदमी के लिए वर्जित कर दिया।

उस समय के बुद्धिजीवियों ने अपने ब्राह्मणवाद को पूरी तरह से अभेद्य और आक्रामक बना दिया। हमारे मनीषियों का सृजन आज की तरह प्रतिलिप्याधिकार (Copy Right) वाला तो था नहीं। इसलिए परवर्ती बुद्धिजीवियों ने उसमें कितनी लीपा-पोती की, कोई नहीं जानता। गौतमबुद्ध ने तो ब्राह्मणवाद के खिलाफ एक पूरी मुहिम चलाई। उन्होंने चिंतन और तर्क का पूरी तरह से निषेध किया। क्या कोई विश्वास करेगा कि आज विश्व की अधिकांश विचारधाराओं में बुद्ध का प्रभाव दिखाई देता है। जिस ब्राह्मणवाद को बुद्ध ने आम आदमी का शत्रु पाया, उसी ब्राह्मणवाद ने बुद्ध को विष्णु का अवतार घोषित किया। सचमुच आम आदमी का सबसे भयंकर शत्रु यदि कोई है तो केवल बुद्धिजीवी। और अगर उसको दुखों से मुक्ति दिला सकता है तो वह भी बुद्धिजीवी ही है; लेकिन वास्तव में वह अनुभूतियों के स्तर पर सत्य को

जीनेवाला बौद्धिक व्यक्ति होता है।

अब आप पूछेंगे कि दोनों में क्या अंतर होता है?

एक तो रट्टू तोता होता है, जो अपनी चमत्कारिता के कारण दूसरों की प्रशंसा पाता है। दूसरे प्रकार का व्यक्ति अपनी विवेक-बुद्धि से सबका पोषण करता है। बहरहाल, उस समय के बुद्धिजीवियों ने हमारे मनीषियों की गहरी अनुभूतियों को सरल रूप में प्रस्तुत किया। अब यह कहना कि उन्होंने अपने स्वार्थों की दृष्टि से ऐसा किया, एक प्रकार से उन्हें लांछित करना होगा। आपने दुर्घटना से बचाव के Thumb-Rules सुने होंगे। इनका मतलब है ऐसी मोटी बातें, जिन्हें कम अक्ल के लोग भी अपने बचाव के लिए इस्तेमाल कर सकें। दरअसल, आम आदमी को आपकी दार्शनिक बातों को समझने की न तो फुर्सत है और न इतनी समझ है। आपको तो उसे यह बतलाना है कि क्या करना है? जैसे विश्वकल्याण और आत्मविकास जैसे शब्दों के मायाजाल में फँसने का उसे कोई शौक नहीं है। लेकिन आत्मा की अमरता उसे दुखों के बीच भी धैर्य बँधाती है। ईश्वर की परिकल्पना की मदद से वह घनघोर अँधेरे में भी आशा की किरण खोज लेता है और धर्म का पालन करने के नाम पर वह अपने आँगन में तुलसी का पौधा रोपकर पर्यावरण-संतुलन भी बनाए रखता है। यह भी आपको समझाने के लिए मेरी व्याख्या ही है, वरना आत्मा की अमरता उसके संस्कारों से जुड़ी है। ईश्वर उसकी दिनचर्या का हिस्सा है तथा धर्म-पालन से वह अपना जन्म सुधारना चाहता है। इस सबमें कहीं दर्शन के लिए स्थान नहीं है। ये तो उसकी कर्मठता के हिस्से हैं। ऐसे में यह कहना कि हमारे बुद्धिजीवियों ने सोची-समझी चाल के तहत उसे ऐसा जीवन जीने के लिए बाध्य अथवा प्रेरित किया होगा, यह मेरी समझ में हमारे इतिहास के साथ ज्यादती होगी। हाँ, इसमें संदेह नहीं कि हमारे बुद्धिजीवी अपने पूर्ववर्ती मनीषियों के समान न तो विवेकदृष्टि रखते थे और न ही दूरदृष्टि रखते थे। यानी वे भूल गए कि हमारे धर्म-पालन का अर्थ यह नहीं होता कि दूसरे हमारी सीमाओं का अतिक्रमण नहीं करेंगे। उन्होंने सरलीकरण की प्रक्रिया के अंतर्गत धर्म की व्यापकता को भी संकुचित कर दिया। अन्यथा जब भक्ति ज्ञान-अर्जन का आधार नहीं बनती, तब वह मात्र पोंगापंथी होती है। इसी

प्रकार जब भक्ति हमें कर्मठ नहीं बनाती तो वह किसी बाँझ आस्था की तरह होती है।

कहते हैं कि जब मुहम्मद गजनवी सोमनाथ के मंदिर को लूटने के उद्देश्य से उसकी ओर बढ़ता चला जा रहा था, तब पुरोहित आशा कर रहे थे कि बाबा सोमनाथ अपना तीसरा नेत्र खोलेंगे और यवन-सेना भस्म हो जाएगी। यहाँ पुरोहितों का धर्म मात्र पोंगापंथी और बाँझ आस्था बनकर रह गया।

यदि कोई समाज अपने बुद्धिजीवियों को समाज-पोषक बनने के लिए तैयार नहीं करता तो कुछ समय के बाद परंपरा-पालन और सत्य का सरलीकरण उस समाज के लिए अभिशाप बन जाते हैं। एक पेड़ होता है–'बड़'। वही बड़, जिसकी छाया में सिद्धार्थ को बोध प्राप्त हुआ था और वह गौतम बुद्ध बने थे। उस 'बड़' की विशेषता होती है कि उसके नीचे कोई और पेड़ नहीं उगा करता। दरअसल, हमारे मनीषियों की अनुभूतियों पर आधारित उपलब्धियाँ एक ऐसा 'बड़' का पेड़ बन गई हैं कि अब और किसी उपलब्धि की संभावना नहीं बन पा रही है। हमारे बुद्धिजीवियों ने तोतारटंत करके समाज में वह स्थिति पा ली है, जिसके अभाव में आदमी अपने-आपको खँगालता है। जब हम आत्ममंथन करते हैं, तब हमारे हाथ लगती है जागरूकता। यही जागरूकता हमें स्वयं को, दूसरों को या संसार को सही ढंग से, सही नजरिए से देखने की योग्यता प्रदान करती है।

ऐसी तस्वीरें आपने अक्सर देखी होंगी, जिनमें भगवान विष्णु क्षीरसागर में शेषनाग के ऊपर सो रहे हैं और लक्ष्मी जी उनके पैर दबा रही हैं या माँ काली के गले में नरमुंडों की माला पड़ी है, वह क्रोध में भरी खप्पर से रक्त पी रही हैं और शंकर भगवान उनके चरणों में पड़े हैं। वास्तव में हमारे परवर्ती बुद्धिजीवियों ने सत्य को कल्पना की चाशनी में डुबोकर प्रस्तुत किया है। उनका यह तरीका आम आदमी को रहस्य के प्रति आकर्षित करके श्रद्धावान बनाता है। यह भी सत्य को क्लिष्ट और अस्पष्ट रूप से प्रस्तुत करना ही है, वरना सीधे-सीधे भी बतलाया जा सकता था कि समृद्धि की उपस्थिति में निर्लिप्त भाव ही विष्णु को ईश्वर की उपाधि दिला सका। अन्यथा समृद्धि और

संपन्नता पाकर आदमी का सिर घमंड से घूम जाता है। इसी प्रकार जब आदमी को भय की आशंका होती है, तब उसकी बुद्धि काम करना बंद कर देती है और वह आतंक की छाया में सो भी नहीं पाता। क्षीरसागर और लक्ष्मी जी द्वारा पैर दबाना चित्र में समृद्धि, श्री और संपन्नता का प्रतीक है। साँप आम आदमी के लिए मौत का पैगाम लाता है, फिर शेषनाग का तो कहना ही क्या? चित्र में शेषनाग की शय्या (चारपाई-बिछौना) का सीधा तात्पर्य है, भय की आशंका का लगातार बने रहना। इस तस्वीर का संदेश है कि हमें संपूर्ण और समर्थ बनने के लिए सभी तरह की परिस्थितियों में अपने संवेगों को नियंत्रित करके निश्चिंत बनना चाहिए। ऐसा करने पर ही तो विष्णु को ईश्वर की उपाधि मिल सकी। ऐसे ही दूसरी तस्वीर में स्त्री-पुरुष-संबंधों और पारिवारिक जीवन के सत्य को स्थापित किया गया है। जिस परिवार में स्त्री क्रुद्ध बनी रहती है, उसमें बरबादी के सिवा कुछ नहीं होता। इस बरबादी को रोकने का मात्र एक तरीका है कि उसका पति समर्पित-भाव से व्यवहार करे। अपने संवेगों को नियंत्रित करके आदमी अपनी पत्नी की सेवा व उसका सहयोग पाता है। पत्नी यदि किसी कारणवश क्रोधित है तो उसको शांत करने के लिए पति का आत्मसमर्पण जरूरी है।

इस सत्य से किसे इनकार है, लेकिन तस्वीरों के माध्यम से प्रस्तुत किए गए इस सत्य को समझेगा कौन? दरअसल, साहित्यिक और वैज्ञानिक सत्य में यही अंतर भी है। एक आपको रहस्यलोक में ले जाकर श्रद्धावान बनाता है तो दूसरा आपके सामने Thumb-rules पेश करता है और आपसे अपने उपयोग की अपेक्षा रखता है।

बहरहाल, चाहे वे हमारे भारतीय मनीषी रहे हों अथवा मध्ययुगीन बुद्धिजीवी, दोनों ने ही सत्य को रहस्य में लपेटकर प्रस्तुत किया। उदाहरण के लिए आपने सत्यनारायण की कथा सुनी होगी। यह कथा प्रायः एकादशी अथवा पूर्णमासी के दिन उत्तर भारत के हिंदू गृहस्थ सुनते हैं। केवल सत्यनारायण की कथा ही क्यों? शुक्रवार को संतोषी माता की कथा करवाई जाती है। सबमें एक ही कहानी चलती है कि जो व्यक्ति कथा श्रद्धापूर्वक करवाता है, उसको प्रारंभ में तो कष्ट होता है, परंतु बाद में उसकी अभिलाषा

पूरी होती है। लेकिन वह कथा क्या है? इसे कोई नहीं जानता। शायद भारतीय मनीषियों ने किसी भी उपलब्धि के लिए श्रद्धा को महत्त्वपूर्ण माना है। यह सही भी है। कोई भी काम करने से पहले आपको, स्वयं को उसके बारे में सकारात्मक होना ही पड़ेगा। परिस्थितियों में कैसे भी तनाव क्यों न हों, आपको अपने भीतर, अपने मन में शांत रहना ही होगा। श्रद्धा के अभाव में न तो आप सकारात्मक हो सकते हैं, न ही अपने भीतर शांत रह सकते हैं। लेकिन इसके आगे की यात्रा आपको स्वयं करनी है। संसार में कोई भी आपका स्थान नहीं ले सकता। अर्थात् जो भी अर्जित करना है, आपको स्वयं करना है; और यह अर्जन आप तब तक नहीं कर सकते जब तक आप पूरी तरह से जागरूक रहकर प्रयास न करें।

जिन्होंने पंतजलि-कृत 'योगसूत्र' का अभ्यास किया है, उन्होंने अनुभव किया होगा कि साधना के दौरान मन की शक्ति किस प्रकार बढ़ जाती है। जो विद्यार्थी सही अर्थों में शिक्षा का अर्जन करते हैं, उनके द्वारा अर्जित ज्ञान व्यावसायिक जीवन में, दक्षता का आधार बन जाता है। वास्तव में बिना अभ्यास के हम समझ ही नहीं पाते कि अर्जित ज्ञान का सही इस्तेमाल क्या होता है? जो रट्टू तोते होते हैं, वे परीक्षा में अच्छे नंबर तो ले आते हैं, परंतु व्यावसायिक दक्षता अर्जित नहीं किया करते। जिन्होंने पतंजलि के सूत्र रट तो रखे हों परंतु उनका अभ्यास न किया हो, वे अपनी तथाकथित वाक्पटुता से अर्थ का अनर्थ करने में कोई कसर नहीं उठा रखते। पंतजलि ने साधना के लिए अहिंसा के महत्त्व को समझाया है कि जो अहिंसा का अभ्यास करता है, उसके संपर्क में आने वाले, अपने मन से उसके प्रति कलुषता समाप्त कर देते हैं।

अब प्रश्न उठता है कि क्या आप अहिंसा का पालन इस स्तर तक करते हैं कि अहिंसा (मात्र अहिंसा न कि मजबूरी) आपके व्यवहार की शैली ही बन जाए और आपके व्यक्तित्व का प्रभाव अनायास सामने वाले को अपने रंग में रंग ले? सच तो यह है कि शायद ऐतिहासिक अथवा पौराणिक दृष्टि से भी यह बात केवल गौतम बुद्ध के साथ ही सार्थक हो सकी कि वह अपने व्यक्तित्व के प्रभाव से अंगुलिमाल जैसे हिंसक डाकू को भी अहिंसक बना

सके। भारतीय जनमानस के लिए तो राम और कृष्ण दोनों ही अवतार थे, लेकिन दोनों को ही हिंसा के विरुद्ध हिंसक होना पड़ा। दरअसल, पतंजलि की अहिंसा का उपयोग आत्मविकास की साधना के रूप में अधिक है। यह तो आपकी साधना का सुफल है कि आपके संपर्क में आने वाले आपको भला मानने लगते हैं। सामाजिक संदर्भों में अथवा प्रतिस्पर्धात्मक परिस्थितियों में तो आपको अपनी आक्रामकता का सकारात्मक ढंग से इस्तेमाल करना ही होगा। फिर समझ लीजिए कि अहिंसा हमारी आक्रामकता का सृजनात्मक पहलू है और सामाजिक रूप में या स्पर्धाओं में आक्रामकता का सकारात्मक ढंग से इस्तेमाल किया जाता है।

वास्तव में पतंजलि ने आत्मविकास के विभिन्न सोपानों और उनके सुफल को सूत्रबद्ध किया है। लेकिन हमारे बुद्धिजीवियों ने इसका इस्तेमाल भारतीय जनमानस के संस्कारों के निर्माण के लिए किया है। यानी सुई को फावड़े की जगह इस्तेमाल किया गया है। अब नतीजा यह निकला है कि भारतीय मनीषियों की विश्वकल्याण की भावना तो पोंगापंथी और बाँझ आस्था के रहते धार्मिक कट्टरता में बदलती जा रही है और आत्मविकास के प्रयास मात्र संघर्षहीनता में बदलकर खेल के मैदान में हमें हारने पर विवश कर रहे हैं।

❑❑

मानसिक गुलामी से बचें

भारतीय मनीषा हमें संस्कारों के रूप में मात्र संकुचित मनोवृत्ति वाला ऐसा कर्मकांडी धार्मिक बना सकी, जो ईश्वर में अंधश्रद्धा रखता है और जो पुनर्जन्म में विश्वास करता हुआ जीवन के संघर्षों से विरत रहता है, साथ ही जो आत्मा की अमरता की चकाचौंध में रहस्यवादी हो जाता है। यह तो थी हमारे मनीषियों और बुद्धिजीवियों द्वारा अर्जित क्लिष्ट, अस्पष्ट और रहस्यपूर्ण उपलब्धियों की भारत को देन। लेकिन यह तो हमारे सामाजिक जीवन का एक ही पहलू है। दूसरा पहलू है हारे हुए की मानसिकता का कुफल। ऐतिहासिक रूप से हमारा देश विदेशियों के लिए सोने की चिड़िया रहा है। यहाँ की धन-संपदा ने सदा उन्हें आकर्षित किया है। इस सबका परिणाम हुआ, विदेशी आक्रमण। इन आक्रमणों का इतिहास तो आप आसानी से किसी भी इतिहास की पुस्तक में पढ़ लेंगे। जिस बात पर मैं आपका ध्यान खींचना चाहता हूँ, वह है विभिन्न संस्कृतियों का प्रारंभिक टकराव तथा संयुक्त सांस्कृतिक विकास।

कभी-कभी कोई जगह ऐसी होती है, जो घुमक्कड़ों और खानाबदोशों के लिए कब्रगाह का काम करती है। संभवतः यह बात हमारे देश पर भी किसी सीमा तक लागू होती है। यहाँ लोग बाहर से आए और यहीं के होकर रह गए। क्योंकि विजेता थे इसलिए शुरू में तो अपनी आक्रामकता का इस्तेमाल उन्होंने स्वयं को श्रेष्ठ प्रमाणित करने के लिए किया। जिन पर उन्होंने विजय प्राप्त की, उन्हें धर्म-परिवर्तन की कीमत पर सुरक्षा भी दी। लेकिन

धीरे-धीरे वे भारतीय संस्कारों में बँधते चले गए।

आज आप जो देख रहे हैं, वह मानसिक गुलामी का कुफल है। आपने देखा होगा कि एक ही माता-पिता के चार-पाँच बेटे, जिनकी शक्लों और आदतों के बारे में पड़ोसियों की राय तो होती है कि सब एक-जैसे दिखते हैं, परंतु उनमें अनेक भिन्नताएँ भी दिखती हैं। प्राय: इन भिन्नताओं के कारण वे आपस में लड़ते रहते हैं। कहना चाहिए कि उनकी भिन्नताओं का आधार उनका व्यक्तित्व है और उनकी समानता के मूल में उनके संस्कार हैं।

इसका अर्थ हुआ कि उनकी आपस की खींचतान महत्त्व नहीं रखती। मगर ये सांप्रदायिक झगड़े, ये आतंकवादी हत्याएँ क्या ये सब महत्त्वहीन घटनाएँ हैं?

एक काम कीजिए। अपने घर का कोई कोना ढूँढ़िए। कोई ऐसी जगह, जहाँ आप बिना किसी बाधा के एक घंटा बैठ सकें। आराम से अपनी कमर को सीधा रखकर बैठ जाइए। बेहतर होगा कि आप पालथी मारकर, कमर सीधी रखकर और आँखें मूँदकर बैठ जाएँ। ऐसी स्थिति में आपको पूरे एक घंटे बैठना है। याद रखिए कि आपको हिलना-डुलना अथवा अपनी स्थिति को एक घंटे तक बदलना भी नहीं है। बैठ गए? ठीक। अब आप आँखें मूँदे हुए अपने ध्यान को अपनी नाक के सुरों पर लगाइए। देखिए कि आप कौन-से सुर से साँस ले रहे हैं। जिससे भी साँस ले रहे हों, अपने मन की आँखों से उसी को देखिए। जब आप साँस लेते हैं, तो नाक के सुर पर एक विशेष प्रकार का अनुभव होता है। जब आप साँस छोड़ते हैं, तो आपके होठों के ऊपरी हिस्से को गर्म सांस छूती है। बस, इस सांस लेने और छोड़ने को देखिए। क्या हुआ? आपका ध्यान नहीं लगता। कोई बात नहीं, सांस को देखने की कोशिश करिए। आपके पैर थकने लगे हों तो थकने दीजिए। मगर पालथी को ढीला मत करिए। कमर सीधी रखिए। हाथों को मत हिलाइए। साँस को देखिए। नहीं देख पा रहे हैं? कोशिश कीजिए। अभी केवल बीस मिनट हुए हैं आपको। चालीस मिनट अभी और बैठना है। जैसे-जैसे समय बीतता जाता है, पैरों का दर्द बढ़ता जाता है। ऐसा लगता है, मानो घड़ी की सुइयों ने घूमना बंद कर दिया है। दर्द बढ़कर पैरों में फैल जाता है। लगता है, अगर पालथी

नहीं खोली तो पैर दर्द से फट जाएँगे। अभी केवल चालीस मिनट हुए हैं, परंतु आपको लगता है कि ऐसी हालत में आप सदियों से बैठे हैं। दर्द का कोई ओर-छोर नहीं है। आपके जिंदा रहने तक आपके साथ चलेगा। नहीं, हिलिए-डुलिए नहीं। अभी केवल तैंतालीस मिनट हुए हैं। हिम्मत से काम लीजिए। आपकी सहनशीलता की सीमा पार हो गई? ओ हो! क्या करते हैं? पालथी क्यों खोल दी?

देखा! इन पचास मिनटों में आपने क्या अनुभव किया? बोलिए, अब भी आपके पैरों में दर्द है? नहीं है न? मगर आपको तो तब लग रहा था कि आपका दर्द अनंत है। आपकी सहनशीलता समाप्त हो गई थी। वास्तव में जब हमारे मन में कुछ आता है, तब हम अपनी प्रतिक्रिया देते हैं। यदि किसी कारणवश ऐसा नहीं कर पाते तो हमारी प्रतिक्रिया उग्र होकर हमारे समायोजन को गड़बड़ा देती है। ये आपके समायोजन की गड़बड़ाहट ही तो थी कि आपको अपने पैरों का सामयिक दर्द अनंत लगा और आपने समय से पहले अपनी साधना बीच में ही छोड़ दी। कहना चाहिए कि संवेदना, जो बाहरी अथवा भीतरी कारण से होती है, हमारी सहनशीलता, हमारे संयम, हमारे दृष्टिकोण में विकृति ला देती है। जबकि जीवन में समायोजन के लिए वस्तुगतता व लचक की जरूरत होती है। याद करिए कि यौन-तुष्टि, आक्रामकता की तुष्टि, सामाजिकता की तुष्टि और अपनों की उपस्थिति से मिलने वाली तुष्टि से हम आनंद पाना चाहते हैं। इस आनंद की उग्रता भी हमारे समायोजन को गड़बड़ाती है। यानी हमारा समायोजन जीवन में तलवार की धार पर सहज रूप से चल पाने का सुफल है। यही तो है गौतमबुद्ध का मध्यम मार्ग, जिस पर चलकर कोई भी जीते-जी निर्वाण प्राप्त कर सकता है।

यह जो समायोजन है, इसको हर आदमी अपने ढंग से परिभाषित करता है और हरेक को अपना ढंग ही सही लगता है। इसमें ग़लत कुछ नहीं है, क्योंकि अपने ढंग को ग़लत महसूस करने वाला मानसिक विकृतियों को जीता है। लेकिन जो सिर्फ अपने ढंग को सही और दूसरों के ढंग को ग़लत प्रमाणित करने में जुटा रहता है, वह भी समाज में विकृतियों को फैलाता है।

हमारी हारे हुए की मानसिकता ने आक्रामकता की तुष्टि से मिलने वाले

सुख को विकृतियों का केंद्र बना दिया। जो जितने भी समर्थ थे, उन्होंने उसी अनुपात में अपने ही साथियों को अपनी हिंसा का आधार बनाया। कहना चाहिए कि हमारी असमर्थता ने दूसरों (जो हम ही में से थे) को सहन करने के मामले में हमें उद्दंड बनाया। विदेशियों के मामले में तो हम अहिंसक (कापुरुष) थे, परंतु अपनों के मामले में असहनशील बनते चले गए। उदाहरण के लिए लोग छुआछूत का बड़ा ध्यान रखते थे।

एक और ढंग से देखिए। यह जो जातियों की ऊँच-नीच है, यह केवल हिंदुओं तक सीमित नहीं है। इससे हमारे देश का कोई भी धर्म अछूता नहीं है। ऑफिस में मेरी एक सहयोगी हैं। मुसलमान हैं और तीस के आसपास हैं, मगर शादी नहीं की है। एक दिन बतला रही थीं–'पाकिस्तान बनने के बाद ऊँची जातियों के मुसलमान, जो शाही खून के थे, वहाँ चले गए। नीची जातियों में मुसलमान लड़के पढ़ते नहीं हैं। शादी तो हम भी करना चाहते हैं। वालिद साहब को ढंग का लड़का मिल नहीं रहा था। अब हमसे ये तो हो नहीं सकता कि हम शादी के लिए अपने खानदान की नाक कटा दें।' कुछ दिन पहले मेरे एक ईसाई दोस्त किसी दूसरे ईसाई के बारे में बतला रहे थे–'हम तो उनके साथ किसी तरह का व्यवहार नहीं रखते, क्योंकि वह तो नीची जाति से कन्वर्टेड हैं।'

अब तो आप मानेंगे कि भारतीय संस्कार दूसरी विचारधाराओं के लिए कब्रगाह का काम करते हैं। यहाँ मेरा उद्देश्य अपराधियों की व्याख्या नहीं है। लेकिन यह सच है कि हमारी विजित मानसिकता ने हमें अपनों के प्रति हिंसक बनाया है। और कभी-कभी दो धर्मों अथवा संप्रदायों के बीच में जो झगड़े दिखाई देते हैं, उनके पीछे राजनीतिक षड्यंत्र अधिक है। दरअसल, भारतीय जनमानस हिंसा के मामले में अपनों को कष्ट देकर तुष्टि ढूँढ़ता है, लेकिन राजनीतिक स्तर पर सत्ता की होड़ इतिहास की गलतियों को अपने हक में इस्तेमाल करती है। यानी नेता अपने समर्थकों की हिंसा का इस्तेमाल विरोधियों के विरुद्ध करते हैं। मोटे तौर पर राजनीतिक स्तर पर नेताओं की आक्रामकता की तुष्टि भी अपने देश को कमजोर करके ही होती है। ये भी तो भारतीय संस्कारों का ही करिश्मा है।

विजित मानसिकता वाले समाजों के सदस्य अपने उतावलेपन के कारण लंबी योजनाओं वाले कामों से दूर भागते हैं। दरअसल, उनकी जिंदगी में योजना को कोई स्थान नहीं मिलता। वे तो बस अपनी जैविक आवश्यकताओं से संचालित होते हैं। जहाँ जैविक आवश्यकताएँ संचालक-शक्ति का काम करती हैं, वहाँ बौद्धिक होने का अर्थ मात्र धन की महत्ता को स्वीकार करना होता है। जब योजना के अभाव में धन के अर्जन के लिए प्रयास किए जाते हैं तब, आदमी की मन:स्थिति उस चूहे की तरह होती है, जो हल्दी की गाँठ को पाकर अपने को पंसारी समझने लगता है। यह जो पंसारी वाली मानसिकता है, इसके चलते आदमी रईस बनने के लिए कम तोलने लगता है। यानी चोरी ही उसके जीवन का मूल-मंत्र बन जाती है। वह कम खर्च करके ज्यादा-से-ज्यादा पाना चाहता है। हमारी इसी मानसिकता ने एक विशेष प्रकार के जीवन-दर्शन को विकसित किया है, जो ऊपर से तो बड़ा धार्मिक दिखाई देता है, परंतु वास्तव में संघर्षों से भागने वाला, आत्महीनता से पीड़ित, भविष्य से भयभीत, कच्चे मन वाला और स्वार्थी होता है।

हर चीज के दो पहलू होते हैं। हो सकता है कि आप छद्म धार्मिकता के इस आयाम से सहमत न हो सकें। लेकिन इतना तो मानेंगे कि हरेक धार्मिक व्यक्ति किसी मुसीबत के आने पर ईश्वर से मनौती अवश्य माँगता है कि हे भगवान्! अगर मेरा यह काम हो जाएगा तो मैं प्रसाद चढ़ाऊँगा। यानी कुछ पाने के लिए वह संघर्ष न करके प्रसाद चढ़ाकर काम चलाना चाहता है। इसी प्रकार वह अपनी सामर्थ्य के प्रति आस्थावान तो नहीं है, मगर दूसरी ओर उसका ढुलमुल व्यक्तित्व सांप्रदायिकता के मामले में कट्टरता का अनुयाई है। उसकी अपने प्रति अनुदारता यदि आत्महीनता की परिचायक नहीं है तो फिर क्या है? अनास्था यदि स्वयं तक सीमित रहे तो वह आत्महीनता है और जब यह जीवन और जगत् के मामले में भी व्याप्त हो जाए, तब आदमी अपने भविष्य से डरने लगता है। पता नहीं, समय का काल-विभाजन हमारे मनीषियों ने किया था अथवा उनके बाद के बुद्धिजीवियों ने। फिर भी संभावना यही है कि हमारे बुद्धिजीवियों की यह प्रतिक्रिया अधिक है, जिसके अनुसार भविष्य हमेशा ही भयानक है। वास्तव में जो भीतर से खोखले अर्थात् अनास्थावादी होते हैं, वे अनजाने भविष्य को भय की दृष्टि से देखते हैं। अन्यथा यथार्थ

और आदर्श का संतुलन ही जीवन को ओजपूर्ण बनाता है। इस संतुलन का कोई तैयार फ़ार्मूला नहीं है। यह तो हमारी जागरूकता का प्रतिफल है; और हम जागरूक तभी हो सकते हैं, जब हम अपनी सामर्थ्य के प्रति आस्थावान रहकर संघर्षशील होते हैं।

जरा सोचिए। सड़क खाली है। एक स्कूल-बस कॉलोनी के दूसरी तरफ आकर रुकती है। एक सात-आठ साल का लड़का बस से उतरता है और जल्दी से घर पहुँचने के चक्कर में दौड़ने लगता है। अचानक एक कार तीव्र गति के साथ आ जाती है। बचने की कोई संभावना है ही नहीं। ड्राइवर यदि ब्रेक भी मारे तो दूरी इतनी कम है कि लड़के को कुचलना ही है। तेजी से दौड़ता लड़का यदि छलाँग ही मारे तो बात दूसरी है, वरना बचाव की कोई गुंजाइश ही नहीं। आप कुछ भी नहीं कर सकते। अनिष्ट की आशंका से घबरा जाते हैं। कार तेज आवाज के साथ लड़खड़ाती है और चली जाती है। लड़का आगे दौड़ता-दौड़ता बिना मुँह फेरे पीछे की ओर दौड़ पड़ता है। मानो उसके पैरों में बैक गीयर लग गया हो। सब कुछ कल्पना के विपरीत, मगर अचानक होता है। दुर्घटना होते-होते बाल-बाल बच गई है। सामान्य दशा में तो सबको खुश होना चाहिए। लेकिन नहीं। कोई-कोई प्रत्यक्षदर्शी हो सकता है कि घबराकर अधमरा हो जाए। ऐसे ही लोग, चाहे वे मांसाहार के बड़े रसिया हों परंतु अपने सामने हलाल किए जानवर का गोश्त नहीं खा सकते। ये बच्चों को इंजेक्शन लगते नहीं देख सकते। इनका दावा होता है कि इन्हें दूसरों की तकलीफों के प्रति बड़ी सहानुभूति होती है। इनकी समझ में, ये बड़ी दया-माया वाले होते हैं। हो सकता है कि समाज-कल्याण के प्रति पूरी तरह से समर्पित होने पर इनके दावे में सत्य झलके। अन्यथा तो ये बड़े कच्चे मन वाले होते हैं। इनका कच्चा मन सृजन के मामले में तो संवेदनशीलता का पर्याय बनकर गुण बन जाता है। लेकिन व्यापार में अथवा खेल के मैदान में यह ऐसी लुटिया डुबोता है कि पूछिए मत।

एक चुटकला है। बड़ा पुराना मगर हिंदुस्तानियों की असलियत बतलाने के लिए गढ़ा गया है।

हमारे यहाँ विदेशी माल के प्रति विशेष आकर्षण है। अब क्योंकि

आकर्षण है, इसलिए आयात भी होता है। आयातित ज्ञान यानी विदेशी डिग्री की बड़ी पूजा होती है। लेकिन अकेले आयात से तो संतुलन गड़बड़ा सकता है, इसलिए सरकार निर्यात को भी प्रोत्साहन देती है। सरकारी प्रोत्साहन के दायरे में कच्चे माल का निर्यात, लोककलाओं का निर्यात आता है। लेकिन असली निर्यात हमारे देश से प्रतिभा का होता है, जिसके बारे में सरकार की अपनी राय है। अब क्योंकि निर्यात को प्रोत्साहन मिलता है, इसलिए एक हिंदुस्तानी सज्जन ने भारतीय केकड़ों के निर्यात का अमरीकी ठेका ले लिया। केकड़ों की खेप के साथ वह हिंदुस्तानी सज्जन भी अमरीका पहुँचे। केकड़ों को खुले डिब्बों में देखकर अमरीकी चौंके। 'हुजूर! ये हिंदुस्तानी केकड़े हैं। जब कोई केकड़ा डिब्बे से बाहर आने की जुगत करता है, तभी दूसरा उसकी टाँग खींच लेता है।' हिंदुस्तानी ठेकेदार ने अमरीकियों के आश्चर्य का समाधान किया। वास्तव में, हम हिंदुस्तानी भी क्या चीज हैं? कहाँ तो दूसरों के कष्टों की आशंका हमारे दिल की धड़कनें बढ़ा देती है और कहाँ हम अपने से आगे निकलने वाले को टँगड़ी मार देते हैं। दरअसल, हमारी दोनों ही खूबियाँ एक ही सिक्के के दो पहलू हैं और वह सिक्का है–जीवन के प्रति हमारा भ्रामक समायोजन।

जो लोग गलत आदतों के चलते जीवन में खुशियाँ ढूँढने लगते हैं, वे भ्रामक समायोजन के शिकार होते हैं। जैसे कुछ लोग बिना बैड-टी लिए शौचालय नहीं जा सकते। या जैसे कुछ लोग सोने से पहले कुछ-न-कुछ पढ़ते हैं, वरना सो ही नहीं सकते। ये सब असामान्यताएँ हैं, लेकिन जो भ्रामक समायोजन के शिकार हैं, वे इनके बगैर सामान्य जीवन नहीं जी सकते। किसी अकेले आदमी के जीवन में इस भ्रामक समायोजन के अनेक कारण हो सकते हैं। लेकिन जब पूरा-का-पूरा समाज इस भ्रामकता का शिकार होता है, तब उसके पीछे विजित मानसिकता अपनी कुफलताओं, जैसे गरीबी, बेरोजगारी, पिछड़ापन आदि के साथ काम करती है।

अच्छा हुआ गरीबी, बेरोजगारी आदि की बात अपने आप ही आ गई। ये लोग तो व्यवस्था के खिलाफ क्रांति भी करते हैं। कम्युनिस्टों ने इनके असंतोष को इस्तेमाल करके अपने को स्थापित भी किया है। फिर भी हमारे

देश में क्रांति जैसी घटना क्यों नहीं हुई?

क्रांतियों का संबंध अभावों में जीने वालों के असंतोष से नहीं होता। यह तो उन्हें भ्रामक समायोजन के लिए बाध्य करता है। दरअसल, जब नेतृत्व अपनी जमीन से जुड़ा होता है, जब नेताओं की बुद्धि निश्चित और दृष्टि साफ होती है, तब वे जनता के असंतोष को दिशा देते हैं। चूँकि भारतीय मनीषियों के लिए भौतिक अभावों का महत्त्व नगण्य रहा; चूँकि वे अभावों को उपलब्धियों की प्राप्ति के लिए प्रेरणादायक मानकर भीतरी संवर्धन और परिमार्जन करने में विश्वास करते थे; चूँकि समाज के हित में उन्होंने निजी स्तर पर समाज-पोषण को सार्वजनीन बनाया, इसलिए क्रांति जैसे घटनाक्रम को उन्होंने कोई स्थान नहीं दिया। आज की परिस्थितियों में हो सकता है कि हम उन पर दोषारोपण करें परंतु जब जीवन और जगत दोनों ही का चक्राकार आधार हो, तब मात्र संतुलन को ही जीवन-दर्शन बनाया जा सकता है। ऐसे में भौतिक उपलब्धियाँ आकर्षक होने के बावजूद मन में वितृष्णा ही जगाती हैं। इस वितृष्णा से आप कहीं यह न समझने लगें कि भारतीय मनीषियों ने भौतिक उपलब्धियों को जीवन और जगत् दोनों में ही पूरी तरह नकार दिया था। दरअसल, आम आदमी को संतुलन की आवश्यकता होती है। जो भी इस संतुलन में सहायक होता है, वही आम आदमी को स्वीकार्य भी होता है। गौतम बुद्ध की व्यापक स्वीकृति के पीछे जीवन की यह वास्तविकता भी छिपी है।

दूसरी ओर आदमी को व्यवहार के नियामकों की भी आवश्यकता होती है। समाज के नेतृत्व की जिम्मेदारी इन्हीं नियामकों को स्थापित करने की होती है, ताकि आम आदमी इन नियामकों से दिशा ग्रहण करके अपने जीवन में संतुलन स्थापित कर सके। भारतीय नेतृत्व अर्थात् मनीषियों ने भौतिक उपलब्धियों की बजाय नैतिकता को व्यवहार का नियामक बनाया। वास्तव में यह हमारी नैतिकता ही है, जो हमें समाज-पोषक बनाती है। यह भी हमारी नैतिकता की गतिशीलता ही है, जो हमें जीवन और जगत् के मामले में संतुलित बनाती है। यह भी हमारी नैतिकता की सक्रियता ही है कि हम परम सुख, परम स्वास्थ्य और परम सफलता का रसास्वादन करते हैं और यह भी

हमारी नैतिकता का सुफल ही है कि जीवन और जगत् की, भूख और भय जैसी शाश्वत वास्तविकताओं को भी हम सृजनात्मक आयाम प्रदान करते हैं। यह सृजनात्मकता ही तो हमारी सभ्यता की कहानी है।

अब आप स्वयं सोच सकते हैं कि ऐसे में राज्यक्रांतियों को स्थान कहाँ मिल सकता था? लेकिन यह तब की स्थिति है, जब समाज में नैतिकता लगातार सक्रिय और गतिशील बनी रहे। यह सही है कि हमारे मनीषियों ने राज्यक्रांतियों की कल्पना को ही निर्मूल कर दिया है। लेकिन इस सच के साथ यह भी एक वास्तविकता है कि हमारे मनीषियों ने निजी स्तर पर आत्मविकास अर्थात् निर्वाण को सभी के लिए आवश्यक बना दिया था। यदि आप महाभारत पढ़ें तो पाएँगे कि कृष्ण लगातार धर्म की नैतिकता की नई-नई व्याख्या करते रहते हैं। वस्तुत:, अपनी नैतिकता को आदमी सक्रिय और गतिशील बना ही तब सकता है, जब वह लगातार जागरूक रहकर अपने आत्मविकास के लिए प्रयासरत रहे। जब किसी समाज के अधिकांश सदस्य जागरूक रहते हैं, तब आम आदमी क्रांति के पचड़ों में न उलझकर संतुलन को अपने जीवन का आधार बनाता है।

लेकिन जागरूकता के अभाव में आम आदमी का संतुलन मात्र यथास्थितिवाद में परिवर्तित हो जाता है और समाज की नैतिकता अपनी सात्त्विक गतिशीलता छोड़कर तामसिक नैतिकता में परिवर्तित हो जाती है। यह सोमनाथ मंदिर के पुजारियों की तामसिक नैतिकता ही तो थी कि वे गजनबी के आक्रमण के समय अपनी कपोल कल्पनाओं में डूबकर निष्क्रिय बने रहे। यह भी भारतीय समाज की तामसिक नैतिकता ही तो थी, जो अस्पृश्यता और आत्मपीड़ा को आत्मविकास का पर्याय मानती रही। वास्तव में जागरूकता के लिए आवश्यक होता है कि हम अपने मित्र हों और हमारा मन हमारा मित्र हो। यदि हम आत्मनिरीक्षण करें तो पाएँगे कि सामान्यत: हम न तो अपने मित्र होते हैं और न ही हमारा मन हमारा मित्र होता है। याद कीजिए कि जब आप पालथी मारकर बैठे थे और अपनी साँस को देखने की कोशिश कर रहे थे तो क्या अनुभव हुआ था? यही न कि ध्यान केंद्रित करना बड़ा मुश्किल काम है। यही न कि मन लगातार नचाता रहता है। इस नचाने वाले मन को अपना

मित्र बनाने के लिए हमें अपनी स्मृतियों और कल्पनाओं के प्रति छुआछूत का भाव विकसित करना होता है। ताकि हम अलग-थलग भाव से मन के क्रियाकलापों को देख सकें। अभ्यास की परिपक्वता के साथ ही हमारा मन के क्रियाकलापों के प्रति अलग-थलग भाव, उसे हमारा मित्र बना देता है। जब मन हमारा मित्र बनने लगता है और हम अपने ध्यान को केंद्रित करने लगते हैं। तब शुरू होती है हमारी स्वयं से मित्रता। इसी मित्रता की प्रक्रिया में हम पाते हैं कि जिन्होंने हमें दुख दिया है, वे भी केवल हमारी मित्रता के ही हकदार हैं। हमारी यह अनुभूति ही अहिंसा का आधार है। जब यह अनुभूति सभी दृष्टियों से पुष्ट होती है, तब दूसरे हमारे प्रति मित्रता का भाव रखने लगते हैं। लेकिन हमारी अहिंसा भीतरी संवर्धन और परिमार्जन की प्रक्रिया है, न कि जीवन की किसी घटना के प्रति की गई प्रतिक्रिया।

लेकिन जब हमारी नैतिकता जड़त्व को प्राप्त होकर तामसिक होने लगती है, तब हम यथास्थितिवादी होकर घटनाओं के प्रति प्रतिक्रिया देने लगते हैं। अर्थात् मन के घटनाक्रम के स्थान पर घटनाओं, स्थितियों, व्यक्तियों आदि के प्रति पवित्रता अथवा अपवित्रता का भाव विकसित कर लेते हैं। हमारा यही भाव पुष्टि पाकर छुआछूत को आगे बढ़ाता है। इसी प्रकार जब हम प्रतिक्रियास्वरूप अहिंसक बनते हैं तो वास्तव में अपनी हिंसा को निष्क्रिय बनाकर आत्मपीड़ा में सुख ढूँढ़ते हैं।

इस वास्तविकता के साथ एक नई शंका उत्पन्न होती है कि क्या हम भारतीय स्वभाव से ही ऐसे हैं अथवा इतिहास के घटनाचक्र के साथ हमारा ऐसा स्वभाव बन गया है?

ऐसी शंकाओं के साथ मुश्किल यह होती है कि कोई निश्चित उत्तर नहीं दिया जा सकता। फिर भी इतना तो कहा ही जा सकता है कि देश कोई भी हो इससे कोई अंतर नहीं पड़ता। लेकिन वहाँ की जनता का अपना कोई चरित्र नहीं होता। वह तो बस संतुलनवादी होती है। उसे अपनी भौगोलिक, शारीरिक, सामाजिक, राजनीतिक और आर्थिक आवश्यकताओं के साथ समायोजन बनाना होता है। उसका यह समायोजन सही भी हो सकता है और गलत भी। समाज के जिन सदस्यों का समायोजन जनता की तुलना में सही

होता है, वे ही जनता के भाग्यविधाता बन जाते हैं। वास्तव में ये लोग ही अपने लचकीले व वस्तुगत प्रत्यक्षीकरण के कारण परिस्थितियों का इस्तेमाल अपने हित में कर पाते हैं। समाज की समृद्धि और संपन्नता का आकलन इनकी संख्या पर निर्भर करता है। इनमें से ही हमें नेताओं और सृजकों के दर्शन होते हैं। दरअसल, जो अपने बहिर्मुखी दृष्टिकोण के कारण जनता को साथ लेकर चल सकने की क्षमता रखते हैं, वे ही नेता बन पाते हैं। नेताओं के बहिर्मुखी दृष्टिकोण को बहिर्मुखी स्वभाव से भ्रांत मत कीजिए। बहिर्मुखी स्वभाव के व्यक्ति लोकप्रिय तो हो सकते हैं परंतु उनमें नेतृत्व के गुण भी हों, यह कतई जरूरी नहीं है। हाँ, यह बात दूसरी है कि ये धोखा बहुत सफलतापूर्वक देते हैं। दूसरी ओर जो अपने अंतर्मुखी दृष्टिकोण के कारण सृजन की क्षमता रखते हैं, वे जनता की नैतिकता को गतिशीलता प्रदान करते हैं।

एक बात और है कि अविकसित समाजों में प्राकृतिक चयन केवल जीवन और मृत्यु के मामले में ही देखने को मिलता है, परंतु विकसित समाजों में प्रकृति केवल उनका ही चयन करती है, जिनमें योग्यता होती है। उदाहरण के लिए अविकसित समाजों में बातें बेचने वाले नेता भी बन जाते हैं और बुद्धिजीवी भी। लेकिन विकसित समाजों में तो अधिकतर लोग संप्रेषण के मामले में ठीक-ठाक होते हैं, इसलिए मात्र बातें बेचना उनको न तो नेता बना सकता है और न ही बुद्धिजीवी। इसके लिए तो उन्हें निजी स्तर पर लगातार प्रयास करना होता है।

एक चीज होती है–कार्य-कारण-संबंध। अर्थात् 'क' के होने का कारण, कार्य 'ख' है। जैसे चूजा परिणाम है और अंडा उसका कारण। यह बताना कि अंडा मुर्गी का कारण है अथवा मुर्गी अंडे का कारण है, पूरी तरह से असंभव है। ऐसे ही भारतीय सभ्यता का ह्रास पहले शुरू हुआ या विदेशी आक्रमणों ने गरीबी, बेरोजगारी आदि को उत्पन्न करके भारतीय सभ्यता के पतन को शुरू किया, बतलाना बड़ा मुश्किल है। लेकिन इतना तो मानना पड़ेगा कि भारतीय मनीषियों की उपलब्धियाँ उनके परवर्ती बुद्धिजीवियों के लिए एक ऐसी धरोहर बन गईं, जिसमें कुछ जोड़ा तो जा नहीं सकता था,

परंतु जिसे बचाए रखना था। अब यह भौतिक वस्तुओं के बारे में तो किसी सीमा तक सही हो सकता था, लेकिन नैतिकता यदि गतिशील नहीं है तो वह जड़त्व को प्राप्त होकर तामसिक बन जाती है। समय-समय पर हमारे बुद्धिजीवियों ने इस जड़त्व को तोड़ा भी है। हाँ, यह बात दूसरी है कि वे ऐसे व्यक्तित्वों को आगे नहीं ला पाए, जो उनके द्वारा तोड़े गए जड़त्व को त्वरित गति देते। दरअसल, हमारे यहाँ गुरु-शिष्य परंपरा रही है और शिष्यों का काम गुरु के दिखाए रास्ते पर चलना होता है। अर्थात् नैतिकता को एक और जड़त्व प्रदान करना।

कह सकते हैं कि गुरु-शिष्य परंपरा ने हमारी मौलिकता के रास्ते में काँटे बोए और विदेशी आक्रमणों ने हमें आत्मपीड़ा में सुखानुभूति दी। परिणामतः आज हमारे सामने सामाजिक अथवा नैतिक जड़त्व की और आक्रामकता के दमन की समस्या है। इन्हीं दोनों के चलते हम अपनी हार में संतोष को ढूँढ़ने लगते हैं।

शायद इसे ही विडंबना कहते होंगे। हमारे मनीषियों ने मौलिकता को निजत्व की पहचान के रूप में स्थापित किया और हमने अहंकार के शमन के स्थान पर मौलिकता का दमन करना प्रारंभ कर दिया। गीता के द्वारा द्वैपायन व्यास ने गतिशीलता को नैतिकता के आधार रूप में स्थापित किया, जबकि हम अपने नैतिक जड़त्व को अपनी महानता मानते हैं। गौतम बुद्ध तर्क और चिंतन को दरकिनार कर आत्मानुभूतियों को महत्त्वपूर्ण मानते रहे और उनके शिष्यों ने तर्क को आधार बनाकर बौद्ध धर्म की अनगिनत शाखाओं का विकास किया।

❑❑

क्या है आत्मविकास?

यह तो मानना पड़ेगा कि आप बात को खींच खूब लेते हैं, परंतु समाधान किसी भी शंका का नहीं करते। आपने आत्मविकास शब्द का खूब इस्तेमाल किया है। मगर अभी तक यह स्पष्ट नहीं हुआ कि आत्मविकास का अभिप्राय क्या है?

एक बात स्पष्ट रूप से समझ लेनी चाहिए कि यह तर्कशास्त्र की पुस्तक नहीं है। हम जिंदगी की बात कर रहे हैं। यह तो संभव है कि कोई कहानीकार सपाट शैली में एक रोचक कहानी लिख दे। पर क्या जिंदगी में भी ऐसा ही होता है?

इस बात को अपनी गाँठ में बाँध लो कि संस्कार कागजी तर्क पर आधारित नहीं होते। इनको सीधे-सीधे समझा भी नहीं जा सकता, क्योंकि इन्हें सीधे-सीधे नहीं समझा जा सकता, इसलिए इनकी तह में उतरने के लिए भावनात्मक गोताखोरी करनी पड़ती है। संभवतः यह गोताखोरी ही तुम्हें मेरे द्वारा बात को खींचना लगा।

खैर! जनमानस में जीवन और मृत्यु के विषय में ऐसी आस्था है कि यह शरीर पंचमहाभूतों–आकाश, पृथ्वी, अग्नि, वायु तथा जल से मिलकर बना है। जब ये पाँचों तत्त्व संगठित अथवा समायोजित होते हैं तो जीवन अस्तित्व में आता है। जब ये पाँचों तत्त्व विघटित अथवा असमायोजित अवस्था को प्राप्त हो जाते हैं, तब शरीर की मृत्यु हो जाती है। यानी समायोजन जीवन का पर्याय है।

जीवन और इससे जुड़ी परिस्थितियाँ दोनों ही गतिशील हैं। जब दोनों गतिशील हैं, तब अपने अस्तित्व को बनाए रखने के लिए आवश्यक हो जाता है कि हम समायोजन बनाए रखने के लिए निरंतर प्रयत्नशील रहें। यह जो हमारी प्रयत्नशीलता है, यही आत्मविकास की इच्छा है। तात्पर्य यह है कि जीवन व उससे जुड़ी परिस्थितियों की परिवर्तनशीलता को स्वीकार करके स्वयं को समायोजन के लिए तैयार रखना ही आत्मविकास है। अर्थात् आत्मविकास और समायोजन दोनों एक-दूसरे के पर्याय हैं।

जीवन में सभी किसी-न-किसी प्रकार का समायोजन बनाकर चलते हैं। इसका अर्थ तो यह हुआ कि सभी आत्मविकास के इच्छुक हैं। ऐसे में आत्मविकास के लिए प्रेरित करने की आवश्यकता ही क्या है?

इसको ऐसे समझो कि सभी व्यक्ति अपनी कमजोरी अथवा गलती को तर्कों के आधार पर न्यायोचित ठहराने का प्रयास करते हैं। कभी-कभी तो उनके तर्क इतने लचर होते हैं कि हँसी आती है। आदमी अपना सुधार तो कर न पाए और लगातार अपनी कमजोरी पर दुखी होता रहे तो निश्चित है कि वह बेमौत मर जाएगा। व्यक्ति की आत्महीनता का कारण है अपनी कमजोरी अथवा गलती का अपेक्षित स्तर तक सुधार न कर सकने के साथ-साथ उस पर लगातार दुखी रहना। दूसरी ओर, स्वयं को महान समझने वाले वे लोग हैं, जिन्होंने अपेक्षित सुधार लाने के स्थान पर अपनी कमजोरी के प्रति जाने-अनजाने प्रतिक्रियावादी दृष्टिकोण अपना लिया है और अब वह उनका स्वभाव बन गया है। दोनों ही प्रकार के लोगों का समायोजन सामान्य नहीं है।

व्यक्ति, उसका व्यक्तित्व और उसके जीवन से जुड़ी परिस्थितियाँ भी बहुत महत्त्वपूर्ण होती हैं। जिस प्रकार किन्हीं दो व्यक्तियों के अँगूठे की छाप एक-जैसी नहीं होती, उसी प्रकार किन्हीं दो व्यक्तियों के व्यक्तित्व एक-जैसे नहीं होते। यानी प्रत्येक व्यक्ति के व्यक्तित्व में कुछ-न-कुछ विशेष बात होती है, जो उसे दूसरों से अलग करती है। यह जो 'विशेष बात' है, यही परिस्थिति-विशेष में गुण अथवा दोष बनकर सामने आती है।

क्या आप जानते हो, ऐसा क्यों और कैसे होता है? जीवन चक्राकार है और उससे जुड़ी परिस्थितियाँ अनगिनत आयामों वाली होती हैं। चक्राकार से

मतलब है कि शैशवावस्था, बाल्यावस्था, किशोरावस्था, युवावस्था, प्रौढ़ावस्था और बुढ़ापा–जीवन और मृत्यु के बीच आते हैं। शिशुओं के समान ही बूढ़े व्यक्ति भी असहाय और परिस्थितियों पर निर्भर रहते देखे जाते हैं। नवजात शिशु नितांत असहाय होता है और उसका जीवन परिस्थितियों के सहयोग पर निर्भर करता है। वही असहाय शिशु किशोरावस्था के आते-आते जमीन में ठोकर मारकर पानी निकालने का हौसला रखता है। वही बुलंद हौसलेवाला किशोर अपनी युवावस्था में ऐसे हालात पैदा कर देता है कि धरती उसके इशारे पर पानी उगले। यह सबल और सफल व्यक्ति अपनी प्रौढ़ावस्था में कदम रखते ही समझने लगता है कि उसे अपनी शक्ति का उपयोग योजनापूर्ण ढंग से करना चाहिए। यही योजना बनाकर चलनेवाला प्रौढ़ (यदि मृत्यु ने उसका वरण नहीं किया और रोग उसकी जान से नहीं लिपटे हैं) बुढ़ापे में फिर बच्चा बन जाता है। वैसे तो बुढ़ापा अपने-आप में एक रोग है। यदि इसे रोग न भी मानें, फिर भी कुछ को मृत्यु अपने आलिंगन में एकदम से ले लेती है तो कुछ को धीरे-धीरे। बुढ़ापे में मृत्यु द्वारा धीरे-धीरे आलिंगन में लेना 'छीजन' के रूप में होता है। यह जो छीजन है न, यही आदमी को नवजात शिशु के समान असहाय और परिस्थितियों पर निर्भर कर देती है। आदमी का असहाय अवस्था से जीवन प्रारंभ करके, बुढ़ापे में असहाय व्यक्ति के रूप में मर जाना ही जीवन का चक्राकार क्रम है। यही वास्तविकता है। इससे आगे या इससे पहले जो कुछ भी है, वह या तो आस्था का विषय है या फिर कल्पना का। कल्पना चाहे भय को जन्म दे अथवा रहस्य को, दोनों ही स्थितियों में हमारे समायोजन को गड़बड़ाती है। जो भय से प्रेरित होते हैं, वे अपनी किलेबंदी के चक्कर में अथवा आतंकित होकर, न केवल दुख को भोगते हैं बल्कि दुख को बिखेरते भी हैं। जिनका जीवन रहस्य से संचालित होता है, हो सकता है वे कृत्रिम आनंद का रस चखते हों, लेकिन इतना निश्चित है कि वे मानवता को भटकाते खूब हैं। जो जीवन में आस्था रखते हैं, वे जन्म के पहले अथवा मृत्यु के बाद की कल्पनाओं के पचड़े में नहीं पड़ते। वे तो जीवन और उससे जुड़ी परिस्थितियों की व्यापकता, विभिन्नता आदि के बीच प्रत्येक स्थिति में समायोजन के लिए प्रयत्नशील रहते हैं। उनकी इस प्रयत्नशीलता के तीन मुख्य स्तंभ हैं–

एक : मुझे क्या करना है?

दो : मुझसे आशा/अपेक्षा क्या की गई है?

तीन : मैं उत्तम कैसे कर सकता हूँ?

जो भी लगातार इन तीन प्रश्नों के आधार पर स्वयं को समायोजन के लिए तैयार करना चाहे, उसके लिए आवश्यक है कि वह अपनी 'निजता' के प्रति आस्थावान रहे।

बात कुछ-कुछ समझ में तो आ रही है। लेकिन फिलहाल स्थिति यह है कि समायोजन समझ में आया तो 'निजता' पर अटक गए। अब यह निजता क्या बला है?

दुनियादारी के लिहाज से जो 'मेरे अपने' के दायरे में आता है, वही निजता का पर्याय बन जाता है। जो इसी को निजता के रूप में स्वीकार करते हैं, वे स्वत्वात्मक (Possessive) स्वभाव के होते हैं। एक प्रकार से ऐसे लोग अपनी भौतिक किलेबंदी करते देखे जाते हैं। ये केवल बटोरने में यकीन रखते हैं। अपने आग्रही स्वभाव के कारण यदि इनका बस चले तो ये वक्त को भी अपनी मुट्ठी में बंद कर लें। बहरहाल, इनका निजता से तात्पर्य, अपने आग्रहपूर्ण स्वभाव से जन्मे जीवन-दर्शन को पुष्ट करना होता है। मोटे तौर पर, व्यावहारिक रूप से प्रचलित रहते हुए भी निजता का यह अर्थ व्यक्ति और समाज, दोनों को मानसिक स्वास्थ्य और समायोजन की दृष्टि से पिछड़ा देता है।

भारतीय समाज ने निजता को आत्मा के रूप में भी स्वीकार किया है। इस प्रकार की विचारधारा अपनी पहली विचारधारा का पूर्ण विरोध करती है। कम-से-कम आग्रही स्वभाव से प्रेरित दर्शन आदमी को संघर्ष करने के लिए, काम करने के लिए प्रेरित तो करता है, भले ही ऐसा आदमी कर्मयोगी न हो, परंतु कर्मठ तो होता है और कर्मठता किसी-न-किसी रूप में योगदान तो देती ही है। लेकिन आत्मा को निजता का पर्याय मानने वाले घुमा-फिराकर भाग्यवादी दर्शन को मानने के कारण अपनी जिम्मेदारियों से भागने लगते हैं। सच पूछा जाए तो 'श्रीमद्भगवद्गीता' को भारतीय संस्कृति और समाज का प्रतिनिधि ग्रंथ भी इसी मनोवृत्ति के कारण स्थापित किया गया। नहीं समझे? जो अस्तित्व में है, उसे स्वीकार तो किया जाता है, लेकिन उसे आदर्श नहीं

बनाया जाता। आदर्श तो वही बन सकता है, जो हमें पूर्ण करता हो। क्योंकि हम सब अधूरे हैं, इसलिए आदर्श को प्राप्त करके पूर्ण होना चाहते हैं। यानी आदर्श अस्तित्व में ही नहीं होता। 'गीता' भी तो हमारा आदर्श ग्रंथ है। क्यों? इसलिए कि आत्मा-परमात्मा के चक्कर में भारतीय समाज जड़, आलसी और निकम्मा होकर रह गया था। 'श्रीमद्‌भगवद्‌गीता' का सृजन करके रचनाकार ने समाज में फैली जड़ता को तोड़ा और भाग्यवादियों के सामने कर्मयोग का आदर्श रखा। चूँकि निठल्लापन सामाजिक जीवन में गहरे पैठे संस्कारों के कारण है, इसलिए जिस किसी में पूर्णत्व को पाने की और अपने आत्मविकास की इच्छा जागती है, उसी को गीता आकृष्ट करती है। विशेष रूप से इसलिए कि यह कुम्हार की तरह– कुम्हार घड़े को बनाते समय एक हाथ से सहारा लेता है और दूसरे हाथ से कच्ची मिट्टी को थपकता है– संस्कारों को सहलाते हुए समायोजन की राह दिखाती है। बहरहाल कहना चाहिए कि आत्मा को निजता का पर्याय मानने वाले भी समायोजन की दृष्टि से गड़बड़ाते ही रहते हैं।

निजता को एक और तरीके से समझो। तनिक स्वयं को लो। तुम्हारा एक शरीर है, एक नाम है, एक विशेष मानसिकता है, शरीर की जैनेटिक संरचना है, तुम्हारे गुण हैं, दोष हैं, जिंदगी को समझने की तुम्हारी अपनी योग्यता है, और भी बहुत-कुछ है, जिस सबसे मिलकर तुम 'तुम' बने हो। हो सकता है, किसी के पास कोई ऐसा परीक्षण हो, जो यह कहे कि तुम्हारा जुड़वाँ भाई बिलकुल तुम्हारे जैसा है। फिर भी वह 'तुम' नहीं है। क्यों? जानते हो ऐसा कैसे हो जाता है?

आत्मा यदि है तो उसकी प्रकृति एक-जैसी है। जैसे 'गीता' में कहा गया है कि उसे आग से जलाया नहीं जा सकता, शस्त्र से छेदा नहीं जा सकता, पानी से गलाया नहीं जा सकता, वह अजर-अमर है आदि-आदि। कुछ भी हो, ऐसी आत्मा तुम्हें 'तुम' नहीं बनाती। फिर? फिर ऐसा क्या है?

तुम्हारी अपनी जो संपूर्णता है, उसमें कुछ ऐसा है, जो तुम्हें दूसरों से अलग करता है। जब कभी तुम मुसीबत में होते हो तो वह तुम्हें उससे निकलने में मदद करता है और लगातार करता है। जब भी तुम कुछ बेहतरीन

करके अपनी श्रेष्ठता प्रमाणित करना चाहते हो तो तुम उसकी मदद लेते हो।

ईश्वर? नहीं। यह तो आत्मविश्लेषण को नकारने का एक साधन है। सोचो। बार-बार सोचो। अपना, अपने भीतर का, अपनी बाहर की दुनिया का इसी संदर्भ में विश्लेषण करो। घंटे-दो घंटे। दिन-दो दिन। हफ्ते-दो हफ्ते; और तब तक आत्मविश्लेषण (इसी संदर्भ में) करते जाओ, जब तक तुम्हें यह पता न लगे, तुम्हारी ऐसी कौन-सी विशेषता है, जो तुम्हें दूसरों से अलग बनाती है।

हो सकता है, वह तुम्हारा 'संयम' हो, विश्लेषण-शक्ति हो, साहस हो, कुछ भी हो सकता है जो तुम्हें दूसरों से अलग करके 'तुम' बनाता है।

बस, एक बात निश्चित है कि यह जो हमारा 'कुछ' है, वह सबका अलग-अलग होता है। यही हमारी 'निजता' है, जिसमें हमें आस्था रखनी होती है, अथवा कहिए कि भरोसा करना होता है। अपने प्रयासों से लगातार अपनी इस निजता को, जो हमारी दूसरों के बीच सामाजिक पहचान बनाती है, पुष्ट करना होता है। जगद्‌गुरु शंकराचार्य ने विवेक चूड़ामणि में इसी बात को इस प्रकार समझाया है कि हमारे प्रयास किसी उपलब्धि की प्राप्ति के लिए नहीं होते, बल्कि जैसे-जैसे हम अपनी निजता को पहचानकर उसे पुष्ट करते जाते हैं, उपलब्धियाँ हमारा अनुसरण करती जाती हैं। (यह उनके श्लोक का हिंदीकरण है)

इससे पहले कि तुम कोई शंका प्रस्तुत करो, मैं तुम्हारी तरफ से एक प्रश्न प्रस्तुत कर दूँ। *यह जो 'कुछ' अर्थात् निजता अथवा विशेषता या योग्यता है, क्या यह सभी में मौजूद रहती है?*

मनुष्यों के संदर्भ में उत्तर है—हाँ। होती तो सभी में है लेकिन उनके बीच मात्रा का अंतर हो सकता है। फिर एक बात ध्यान देने की है कि हम जब सबकी बात कर रहे हैं तो मानसिक विकलांगों की बात नहीं कर रहे हैं। वास्तव में योग्यता की उपस्थिति उन्हीं लोगों में देखने को मिलती है, जो जीवनयापन के साथ उपलब्धियों को अर्जित करते हैं।

वैसे तो भारतीय मनीषा ने आत्मविकास के लिए किसी भी तरह की शर्त नहीं रखी है। कोई भी, कहीं से भी प्रारंभ कर सकता है। 'श्रीमद्‌भगवद्‌गीता'

ने भक्ति, कर्म और ज्ञान को आत्मविकास का आधार माना है। हो सकता है कि ऐसा ही होता हो। लेकिन इतना निश्चित है कि जिनमें संकल्पशक्ति का अभाव होता है, वे आत्मविकास के लिए प्रयासरत नहीं देखे जाते।

एक परिभाषा के अनुसार, संकल्पों का दूसरा नाम 'मन' है। अर्थात् जो अपने मन से मित्रता नहीं बना पाते, उन्हें आत्मविकास-जैसे कार्य नीरस और काल्पनिक अधिक लगते हैं। इसके साथ ही व्यावहारिक जीवन में देखने को मिलता है कि जिनको बुद्धि सीमित मात्रा में मिलती है अथवा जो अपनी बुद्धि का इस्तेमाल किसी योग्यता के रूप में नहीं कर पाते, वे न तो किसी प्रकार की उपलब्धि अर्जित करते हैं और न ही ऐसे लोग अपनी कोई पहचान बनाने में समर्थ होते हैं।

इस पूरी व्याख्या से निष्कर्ष निकाला जा सकता है कि योग्यता अर्थात् बुद्धि अर्थात् मन के सहयोग के अभाव में आत्मविकास संभव नहीं है। वैज्ञानिकों के अनुसार, बुद्धि का संबंध हमारी जैनेटिक संरचना से है और साधकों के अनुसार हमारे मन का सहयोग हमारी सहजता से है। जैनेटिक संरचना हमारी इच्छाओं अथवा सुप्रयासों से संचालित नहीं होती। हमारी सहजता के विकास में हमारे जन्म के समय की परिस्थितियों तथा हमारे विकास के दौरान संपर्क में आए व्यक्तियों जैसे माता-पिता व परिवार के अन्य सदस्यों का सहयोग रहता है। ऐसे में एक भारतीय मान्यता, 'आत्मविकास के लिए वे ही प्रयत्नशील रहते हैं, जिन पर ईश्वर की कृपा बनी हो,' सही होती दिखती है।

पता नहीं ईश्वर की कृपा में कितना दम है? दम इन अर्थों में कि अक्सर अपराधी किस्म के सफेदपोश ईश्वर की कृपा के नाम पर मात्र पापाचार में लिप्त रहते हैं और उनके भक्तों की अंधश्रद्धा किलेबंदी का हथियार बनकर समाज को आतंकित करती है। लेकिन इतना तय है कि जिनको बुद्धि और संकल्पशक्ति के रूप में उपयुक्त संस्कार मिले होते हैं, वे ही समायोजन का महत्त्व समझकर जीवन की प्रत्येक अवस्था में सभी प्रकार की परिस्थितियों के संदर्भ में स्वयं को समायोजित बनाए रखने के लिए प्रयत्नशील रहते हैं।

चोरी करना, झूठ बोलना, धोखा देना, हत्या करना आदि को आप किस श्रेणी में रखेंगे? क्या ये सब भी आत्मविकास के माध्यम बन सकते हैं?

गुण और दोष संदर्भ-सापेक्ष हैं। एक ही जैसा व्यवहार किसी विशेष संदर्भ में गुण अथवा दोष के रूप में समझा जा सकता है। धोखा, चोरी, हत्या आदि कार्य जब कोई आदमी अपने स्वार्थवश अथवा आवेश में करता है, तब ये सभी अपराध की श्रेणी में आते हैं अन्यथा व्यापक उद्देश्य की पूर्ति के लिए किए गए ये कर्म, कला के रूप में स्वीकार किए जाते हैं। फौज में दुश्मन के आक्रमण के समय जो फौजी दुश्मन के जितने अधिक फौजियों को मारता है, वह हत्यारा न कहलाकर 'बहादुर' कहलाता है। प्रश्न के दूसरे हिस्से से आशंका होती है, मानो आत्मविकास को धर्म से जोड़कर देखा जा रहा है। वास्तव में धर्म जिन अर्थों में प्रचलित है, उन अर्थों में वह नैसर्गिक बिलकुल नहीं है। नैसर्गिक तो यह है कि हम अपनी प्रजाति के संरक्षण और वृद्धि के लिए काम करते हैं। इस प्रकार के सभी काम हमारी नैतिकता का आधार होते हैं। ऐसे ही कुछ काम हम अपने संरक्षण और विकास के लिए करते हैं। इनको हम आत्मविकास के आधार के रूप में स्वीकार करते हैं। बारीकी से देखने पर समझ में आता है कि दोनों ही तरह के कामों में कहीं भी विरोधाभास नहीं है। कई बार तो दोनों एक-दूसरे के पर्याय अथवा पूरक दिखाई देते हैं।

अब यदि तुम इस संदर्भ में अपने प्रश्न को देखो, तो तुम्हें इसका बेतुकापन समझ में आएगा। कहने का मंतव्य है कि न्याय और धर्म की दृष्टि से ये सभी कर्म अपराध एवं पाप की श्रेणी में आ सकते हैं। हो सकता है, समाज इन सबकी सजा भी देता हो। फिर भी ये जीवन-संरक्षण के आधार हो सकते हैं, बशर्ते कि कोई इन्हें अपने समायोजन का आधार न बनाए। दूसरे, इस बात को कैसे अमान्य किया जाए कि आत्मविकास की संभावना जीवन के चलते ही संभव है।

अर्थात् मृत्यु को आप आत्मविकास में बाधक मानते हैं?

इतना आसान नहीं है इस प्रश्न का उत्तर। मैं पहले ही कह चुका हूँ कि जीवन के पहले और मृत्यु के बाद मात्र कल्पना अथवा आस्था काम करती है। जिनमें मृत्यु भय का संचार करती है, उनके लिए आत्मविकास अर्थात्

समायोजन कर पाने की सारी संभावनाएँ समाप्त हो जाती हैं। जो मृत्यु की वास्तविकता को स्वीकार कर लेते हैं, वे जीवन को सार्थक बनाने के लिए प्रयत्नशील रहते हैं। जो जीवन को सार्थकता देते हैं, वे अपनी सार्थकता के प्रति आस्थावान भी होते हैं। जो आस्थावान होते हैं, वे भूत के प्रति मोह अथवा भविष्य के प्रति शंकाग्रस्त होकर या फिर उत्तेजित होकर अपने वर्तमान को नकारा नहीं करते। और वर्तमान के प्रति आस्थावान वह होता है, जिसमें जीवन और उससे जुड़ी परिस्थितियों के प्रति स्वीकृति का भाव कूट-कूटकर भरा हो। ऐसा तभी संभव है, जब आदमी अपने ऊपर भरोसा करता हो। ऐसे में तुम स्वयं ही कल्पना कर सकते हो कि आत्मविकास में मृत्यु-भय बाधक और मृत्यु के प्रति स्वीकारोक्ति का भाव सहायक होता है।

एक अंतिम जिज्ञासा। क्या आत्मविकास सभी के लिए संभव है?

यदि पश्चिम की दृष्टि से देखा जाए तो कहना पड़ेगा कि आत्मविकास आदमी के विकास की अंतिम परिणति है। जैसे छत पर जाने के लिए सीढ़ियों का इस्तेमाल किया जाता है, वैसे ही आत्मविकास के लिए अलग-अलग अवस्थाओं से होकर गुजरना होता है। जैसा कि मैंने पहले भी समझाया है कि प्रारंभ में व्यक्ति की स्वयं की संकल्पशक्ति ही एक ऐसी शर्त है, जिसके अभाव में आत्मविकास की कल्पना नहीं की जा सकती।

एक कल्पना करो। तुम्हें कहा गया है कि सुबह तीन बजे उठकर 'अमुक' काम करना है। बहुत-से तरीके हैं तुम्हारे सामने। एक–घड़ी में तीन बजे का अलार्म लगाओ। जब तीन बजे अलार्म बजे, उठकर बैठ जाओ। या फिर ऐसा भी कर सकते हो कि अलार्म को बंद करो और सो जाओ। दो–माँ से कहो कि वह तुम्हें तीन बजे उठा दे। ऐसे में यदि तुम सो रहे हो और माँ तुम्हें आवाज दे तो तुम उठ सकते हो। यदि माँ की आवाज सुनकर तुम्हारी नींद खुले और तुम उठना न चाहो तो आवाज सुनकर भी तुम नहीं उठोगे। इसे कहते हैं कि सोए हुए को तो उठाया जा सकता है, मगर जो जागा हुआ है और सो रहा है, उसे कौन उठाएगा? तीन–एक और भी स्थिति है। घर में तुम बिलकुल अकेले हो और तुम्हारी अलार्म घड़ी भी खराब है। लेकिन तुम्हें तीन बजे उठना भी जरूरी है और रात में सोना भी जरूरी है। एक बिलकुल सरल,

सहज और निरापद तरीका है, जिसे काफी लोग इस्तेमाल करते देखे जाते हैं। सोते समय स्वयं अपने-आप से कहो कि मुझे तीन बजे उठना है। तुम देखोगे कि स्वयं को गंभीरतापूर्वक दी गई सलाह काम करती है और तुम तीन बजे उठ जाते हो। इस सबके आधार पर कह सकते हैं कि यदि तुम चाहो तो बहुत-कुछ संभव है। जहाँ तक आत्मविकास का प्रश्न है, वहाँ भी हमारी संकल्पशक्ति का ही महत्त्व है।

भारतीय मनीषा ने सभी के लिए सभी परिस्थितियों में आत्मविकास को संभव माना है। वास्तव में पश्चिम का मनोविज्ञान, मापन के जरिए हमारी सीमाओं को बताता है। ये सीमाएँ परिस्थिति-विशेष में गुण अथवा दोष के रूप में हमारे सामने आती हैं। अन्यथा आत्मविकास के जो भी प्रयास पश्चिमी मनोविज्ञान में दिखाई देते हैं, उन पर भारतीय चिंतन की छाप साफ दिखाई देती है। 'श्रीमद्‌भगवद्‌गीता' में द्वैपायन व्यास ने तथा 'योगवशिष्ठ' में वाल्मीकि ने लगातार आत्मविकास को स्थापित किया है। 'गीता' को तो आज परामर्शन (Counselling) का आदर्श ग्रंथ स्वीकार किया जाता है। गीता के समान 'योगवशिष्ठ' भी आत्मविकास को स्थापित करता है। हाँ, यह बात दूसरी है कि 'योगवासिष्ठ' को गीता के समान मान्यता व स्वीकारोक्ति नहीं मिली है।

कह सकते हैं कि *जो भी सत्य को जानना चाहता है, जो भी सत्य को स्वीकार करके स्वयं को उसके अनुरूप समायोजित करना चाहता है, वह आत्मविकास का वास्तविक पात्र है।*

❑❑

दुहराएँ पिछली बातें

इससे पहले कि हम आगे बढ़ें, बेहतर होगा कि पिछली बातों को दुहरा लिया जाए।

हमारी सबसे पहली शंका थी कि आत्मविकास की आवश्यकता क्या है?

पेचीदगियों के कारण जीवन की व्याख्या करनी कठिन है। मोटे तौर पर जन्म और मृत्यु के बीच की अवस्था को जीवन के रूप में समझा जा सकता है। वास्तव में आयुर्वेद जिसे 'आयु' की संज्ञा देता है, वह 'जीवन' का पर्याय है। कह सकते हैं कि जिसने जन्म लिया है और मृत्यु को प्राप्त नहीं हुआ है, वह हर हाल में जीता ही है। इस जीने के साथ एक चीज और जोड़ दो– जीवन की गुणवत्ता (Quality of Life)। ये जो जीवन की गुणवत्ता है, इसी का संबंध आत्मविकास से है। जो अपने जीवन को बेहतरीन ढंग से जीना चाहते हैं, उन्हें अपने आत्मविकास की आवश्यकता होती ही है।

सुख, सफलता और स्वास्थ्य, जिन्हें सब लोग पाना चाहते हैं, बिना आत्मविकास के प्राप्त नहीं किए जा सकते।

अर्थात् सुख, सफलता और स्वास्थ्य की समग्र दृष्टि से अपने जीवन-स्तर में पर्याप्त सुधार लाने के लिए हम सबको अपने आत्मविकास की आवश्यकता होती है।

भारतीय मनीषियों की उपलब्धियों के संदर्भ में। दूसरी शंका थी कि गौरवशाली इतिहास वाले हम भारतीय आज की तारीख में अधिकांश क्षेत्रों में

दूसरों से पिट क्यों रहे हैं?

आत्मविकास और समाज-कल्याण अनुभूतियों के धरातल पर अक्सर एक-दूसरे के पर्यायवाची बनकर सामने आते हैं। समाज-कल्याण को सामाजिक जीवन में धर्म के समकक्ष माना जाता है। अर्थात् अनुभूतियों के धरातल पर किए जाने वाले आत्मविकास के प्रयासों को भारतीय जनमानस ने सरलीकरण और परंपरा-पालन के चलते धार्मिक कर्मकांड बना दिया।

दूसरे, हमारे देश में मौलिकता की तुलना में गुरु-शिष्य-परंपरा को अधिक स्वीकारोक्ति प्राप्त है। गंगा को 'पापनाशिनी' कहने-भर से काम नहीं चलता। बल्कि उसके 'पापनाशिनी' स्वरूप को बनाए रखने के लिए उसे लगातार प्रदूषण-मुक्त भी बनाए रखना होता है। ऐसा नहीं है कि हमारे देश में मौलिक चिंतन नहीं हुआ, परंतु उसको भी हमने अपने ढंग से इस्तेमाल किया। उदाहरण के लिए, शिव, कृष्ण और गौतमबुद्ध का नाम लिया जा सकता है। गौतमबुद्ध ने तमाम उम्र ईश्वर, वेद और ब्राह्मणवाद का विरोध किया। उन्होंने तर्क को लगातार अस्वीकार किया। लेकिन उनके बाद? ब्राह्मणों ने उनको विष्णु का अवतार बना दिया। उनके शिष्यों ने तर्क के आधार पर बौद्ध धर्म की अनेक शाखाएँ स्थापित कीं।

तीसरे, एक ओर आत्मविकास के लिए अहिंसा अर्थात् हमारी आक्रामकता का सृजनात्मक रूप आवश्यक है। दूसरी ओर, सामाजिक जीवन में हमें अपनी आक्रामकता को सकारात्मक ढंग से इस्तेमाल करना होता है। परंतु हम तो अहिंसा के पीछे ऐसे हाथ धोकर पड़े कि पूरे भारतीय जनमानस ने स्वयं को आक्रामक बनाने के स्थान पर कायरता को अपना आदर्श बना लिया। सम्राट् अशोक ने बौद्ध धर्म स्वीकार करने के बाद जब उसे सामाजिक जीवन का भी आदर्श बनाकर अपनी सैन्य शक्ति को समाप्त किया, तो उसका परिणाम हुआ अशोक के बाद सारे साम्राज्य का ह्रास। साम्राज्य के पतन की हताशा ने बौद्ध धर्म की जन्मस्थली अर्थात् संपूर्ण बिहार के सभी बौद्ध विहारों का सफाया कर दिया। आत्मविकास जीवन की आवश्यकता है और आक्रामकता जिंदा रहने की शर्त है।

तीसरी शंका थी कि 'निजता' क्या है?

हमारी अपनी जो संपूर्णता है, उसमें कुछ ऐसा है, जो हमें दूसरों की मौजूदगी में 'हम' बनाता है। जब कभी हम किसी बड़ी मुसीबत में होते हैं तो वह हमारा 'कुछ' हमें मुसीबत से निकालने में मदद करता है और लगातार करता है। जब कभी हम कुछ बेहतरीन करना चाहते हैं तो हम अपने 'कुछ' की मदद से अपनी श्रेष्ठता प्रमाणित करते हैं।

यह जो हमारा कुछ है, यह सभी का अलग-अलग है। किसी के लिए वह धीरज है, किसी के लिए वह कष्ट-सहनशीलता है, किसी के लिए निरीक्षण-क्षमता है, किसी के लिए आस्था है इत्यादि। यानी मेरी व्यावहारिकता मेरी निजता है, मेरी पहचान है। तुम्हारी जिज्ञासा तुम्हारी निजता है, तुम्हारी पहचान है।

अंतिम और महत्त्वपूर्ण जिज्ञासा थी कि मोटे तौर पर आत्मविकास को कैसे समझा जा सकता है?

जीवन की गुणवत्ता (Quality of Life) के विकास के लिए सभी प्रकार की परिस्थितियों (भीतर और बाहर) में लगातार समायोजन स्थापित करते रहने को ही आत्मविकास कहते हैं। ऐसे में आत्मविकास और आत्मसाक्षात्कार के भेद को भी समझना जरूरी है। वास्तव में यह भेद बहुत सूक्ष्म है। कहना चाहिए कि हम सही समायोजन तभी बनाए रख सकते हैं, जब हमें परिस्थितियों का वस्तुगत मूल्यांकन करना आता हो; जब हमें अपना, अपनी रुचियों का, अपनी क्षमताओं व योग्यताओं का और अपनी आवश्यकताओं का ठीक से पता हो।

लगातार जानते रहना, लगातार मूल्यांकन करते रहना हमारी जागरूकता का सुफल है और इसकी परिणति सही समायोजन के रूप में हमारे सामने आती है। अर्थात् आत्मविकास की इच्छा के अभाव में जागरूकता पैदा नहीं होती।

अब यदि तुम अपने चारों ओर देखो तो पाओगे कि जीवन की शर्त ही समायोजन है, परंतु अधिकांश लोग समायोजन के उद्देश्य से काम न करके अपनी इच्छाओं, अपनी आवश्यकताओं को पूरा करने के लिए भाग-दौड़ कर रहे हैं। उदाहरण के लिए, तुम अपने को ही लो। क्या तुम कह सकते हो कि

तुम शिक्षा का अर्जन समायोजन-हेतु, अपनी जागरूकता को प्रखर बनाए रखने के लिए कर रहे हो? मेरा खयाल है, तुम्हारा उत्तर होगा कि मैं अपनी जिंदगी में अमुक बनना चाहता हूँ, इसलिए पढ़ रहा हूँ। तुम्हारे माता-पिता कहेंगे कि जीवन में प्रतिस्पर्धा इतनी बढ़ गई है कि बिना अच्छे नंबर लाए काम नहीं चल सकता।

इतना निश्चित है कि सभी शिक्षा और पढ़ाई को लेकर बड़ी-बड़ी बातें करेंगे, लेकिन कोई भी शिक्षा को जीवन में समायोजन से जोड़ने की बात नहीं करेगा। यह विडंबना नहीं तो और क्या है? सभी स्पष्टता को अभाव की श्रेणी में रखते हैं। इसी मनोवृत्ति के चलते, आत्मविकास के सभी प्रयास धार्मिक कर्मकांडों के पर्याय बन गए हैं, शिक्षा आजीविका से जुड़ गई है और समायोजन अर्थात् जीवन, जागरूकता के अभाव में अधर में लटके त्रिशंकु के समान राम-भरोसे चल रहा है।

समग्र रूप में कह सकते हैं कि निजी तौर पर लगातार समायोजन बनाए रखने के लिए तत्पर रहना ही आत्मविकास है। सामाजिक रूप में, आत्मविकास को हम जीवन-स्तर को ऊपर उठाए रखने के प्रयासों के रूप में परिभाषित कर सकते हैं।

❑❑

द्वितीय खंड

क्या करें अपने विकास के लिए?

तुम्हें एक लक्ष्य चाहिए

एक सज्जन थे। उन्होंने अपना उपनाम 'संतोष' रखा हुआ था। अपने उपनाम के अनुरूप ही उनका सामाजिक जीवन था। मेरा उनसे परिचय एक पड़ोसी के नाते हुआ। एक मार्गदर्शक, एक मित्र के रूप में वह मेरे जीवन में प्रवेश करते चले गए। मैं भी उनकी प्रतिभा के सम्मोहन में बँधता चला गया। बहुत कम लोग होते हैं, जिनमें योग्यता और सामर्थ्य का प्रभावशाली सम्मिश्रण देखने को मिलता है। संतोष में यह सम्मिश्रण मौजूद था। वह कवि था। वह नाटक-निर्देशक था। वह स्क्रिप्ट-लेखक था। वह मेरा दोस्त और मार्गदर्शक था।

यह सब वह था, जिसे मैं जानता था। एक बार उसने मुझे विश्व-इतिहास पर लिखी अपनी मूल कृति, जो ढाई सौ पृष्ठों की, दस-बारह कापियों में थी, पढ़ने के लिए दी।

कई बार ऐसा होता है कि आपके पड़ोस में कोई आदमी रहता है। वह आपको अच्छा लगता है। आप दोस्त बन जाते हैं। उसके अंदर का चुंबक आपको खींचता है। कुछ होता है, जिसे आप महसूस तो करते हैं, लेकिन इसके आगे और कुछ नहीं।

एक दिन अचानक आपके सामने उस चुंबक का रहस्य खुल जाए। आपको पता लगे कि आपका वह दोस्त सिर्फ योग्य और भला ही नहीं, महान भी है।

जानते हैं, ऐसे में क्या होता है? मुझे मालूम तो है, परंतु उस अनुभूति

की अभिव्यक्ति के लिए मेरे पास शब्द नहीं हैं। लेकिन मैंने यह अहसास संतोष की दी हुई कॉपियों को पढ़कर जिया है।

मेरी जिंदगी से शिकायत खत्म हो गई। जब संतोष जैसे लोग भाषा-अध्यापक के रूप में खुश रह सकते हैं तो इतना तो निश्चित है कि 'व्यावसायिक संतोष' पद से जुड़ा न रहकर व्यक्ति की मन:स्थिति से जुड़ा होता है।

संतोष की कहानी अभी चल रही है।

'जैसे इस शरीर को ठीक रखने के लिए हमें अलग-अलग आसन लगाने पड़ते हैं, वैसे ही जिंदगी को समझने के लिए भी शीर्षासन लगाना पड़ता है।' –संतोष ने एक दिन समझाया।

मैं मनोवैज्ञानिक हूँ न। मैंने संतोष की जाँच की थी। व्यक्तित्व के अध्ययन के परिणाम संतोष को काफी तनावग्रस्त और असमायोजित (दुखी) बता रहे थे। यानी संतोष अपनी काया के बाहर और भीतर दो अलग व्यक्तित्व जी रहा था। भीतर से आक्रोश का उबलता लावा संतोष को सृजक बना रहा था। बाहर संतोष समाज-सेवक बना हुआ था।

अब मेरी बारी थी। दो व्यक्तित्वों का बोझ ढोता संतोष कैंसर की गिरफ्त में आ गया। उसे गले का कैंसर हो गया था। वह लोग, जो संतोष की सामाजिकता से लाभान्वित हुए थे, उससे मिलने आते थे। मैं भी जाता था। मुझे पहली बार एहसास हुआ कि कभी-कभी आप दुआ भी नहीं कर सकते।

जानते हो, आत्मविकास की व्याख्या करते-करते मैं संतोष की कहानी क्यों कहने लगा?

संतोष योग्य था। संतोष महत्त्वाकांक्षी था। संतोष में प्रतिभा थी। संतोष विशालहृदय था। लेकिन संतोष के पास लक्ष्य नहीं था।

दूध में अगर मक्खन है तो मथने से उसे ऊपर आना ही है। आदमी में यदि प्रतिभा है तो कठिनाइयाँ उसे परिपक्वता देंगी ही। वास्तव में टूटते वे लोग हैं, जिनमें क्षमताओं का अभाव होता है। अन्यथा आँच में तपकर सोना और निखरता है।

जो आदमी भीतर से आक्रोश को जीता है, वह अपने समायोजन की संभावनाओं को खो देता है। रहा दूसरों द्वारा अच्छा मानने का प्रश्न; तो तुम जिसका भी हित साधोगे, वह तुम्हें 'भला', 'सज्जन' तो कहेगा ही। यदि सभी का साधोगे तो सब तुम्हें 'सज्जन' कहेंगे।

देख लो। यह अब तुम्हारे सोचने की बात है। मैं तो एक मनोवैज्ञानिक के रूप में इतना जानता हूँ कि योग्यता जिंदगी को ऊपर उठाती है, किंतु बुद्धि के अभाव में तो उपलब्धियों की कल्पना भी नहीं की जा सकती। सच पूछो तो सीमित बुद्धिलब्धि (I.Q.) की स्थिति में, आदमी जीने के मामले में भी दूसरों की दया पर निर्भर करता है। सामान्य योग्यता पुरुषार्थ का सहारा पाकर आदमियों को उपलब्धियों के मामले में धनी बना देती है। लेकिन धनवान् होने का मतलब महान् होना नहीं होता। आदमी महान् तभी होता है, जब योग्यता के मामले में प्रकृति ने उस पर अपना वरदहस्त रखा हो; जब उसके सामने महान् लक्ष्य हो और उस लक्ष्य को पाने के लिए वह पुरुषार्थ में भरोसा रखता हो।

संतोष अपने स्तर से ऊपर तो उठा, लेकिन उसका यह उठना उसकी महत्त्वाकांक्षाओं को संतुष्ट नहीं कर पाया। उसके भीतर प्रतिभा थी, इसलिए संघर्षों ने उसे सामाजिक जीवन में परिपक्वता दी। यह उसकी वैचारिक परिपक्वता ही थी, जिसने उसे सामाजिक रूप से उपयोगी बना दिया। अपनी सामाजिक उपयोगिता उसे इतनी रास आई कि उसने अपना उपनाम ही 'संतोष' रख लिया।

तालमेल बनाए रखने की जरूरत सिर्फ सामाजिक तौर पर ही नहीं होती, अपने भीतर भी तालमेल बिठाना होता है। समायोजन एकपक्षीय भी नहीं होता कि एक जगह आप समायोजित हो गए तो सब जगह समायोजित हो जाएँगे। हमें हर बार एक नए किस्म के समायोजन की आवश्यकता होती है। लेकिन संतोष के लिए स्वयं को संतुष्ट व्यक्ति के रूप में स्थापित करना प्रमुख हो गया था।

एक सामान्य मान्यता के अनुसार जिस दिशा में तुम्हें प्रकृति ले जाना चाहती है, उस दिशा में किए गए प्रयास तुम्हें उपलब्धियाँ भी देंगे और तुम्हारे

जीवन को सहज भी बनाएँगे। अन्यथा तुम्हारे हाथ हताशा ही आएगी और जीवन कुरुक्षेत्र बन जाएगा।

जानते हो, यह प्रकृति क्या है?
तुम्हारा निजत्व।
अब तनिक संतोष को विश्लेषित करो।

तुम्हारे भीतर का सृजक तुमसे अपेक्षा रखता है कि तुम लगातार उसके प्रति जागरूक रहो। दूसरी ओर, तुम्हारी सामाजिकता का तकाजा है कि तुम लगातार दूसरों की आवश्यकताओं के प्रति जागरूक रहो। हो सकता है कि तार्किक दृष्टि से कोई आदमी दोनों ही क्षेत्रों में जागरूक रह सकता हो। यह मात्र एक संभावना है। अन्यथा यह व्यावहारिक कतई नहीं है। इसलिए कि हम एक समय में इच्छाएँ तो अनेक कर सकते हैं या फिर हमारे सिर पर एक समय में अनेक जिम्मेदारियों का बोझ तो हो सकता है, परंतु एक समय में हम काम सिर्फ एक ही कर सकते हैं।

क्या कहा? तुम मुझसे सहमत नहीं हो। प्रतिभासंपन्न व्यक्ति एक समय में कई काम करते देखे जाते हैं।

एक बात समझ लो। कोई भी व्यक्ति किसी भी वस्तु पर तीस सैकेंड से लेकर तीन मिनट तक अपना ध्यान केंद्रित कर सकता है। इसके बाद तय है कि उसका ध्यान बँट जाएगा। ऐसी स्थिति में जहाँ सामान्य आदमी थक जाता है, वहाँ प्रतिभासंपन्न व्यक्ति उस बँटे हुए ध्यान को किसी और वस्तु पर केंद्रित कर पाते हैं।

ऐसे में, जो मात्र देख रहा है, उसे लगता है कि प्रतिभासंपन्न व्यक्ति एक समय में कई काम कर सकते हैं। कुछ सुनकर, कुछ देखकर कुछ लोग स्वयं को कई कामों के लिए तैयार करते हैं। वास्तव में वे पारंगत तो कहीं नहीं होते, परंतु अपनी प्रतिभा को संतुष्ट करने के लिए खुशफहमियाँ अवश्य पाल लेते हैं। अफसोस! खुशफहमियाँ समायोजन का पर्याय नहीं होतीं। आदमी को अपने समायोजन के लिए अपनी 'निजता' की पहचान करनी होती है।

ईश्वर को तो आप अनेक (एक-दूसरे के विपरीत) गुणों से महिमा-मंडित

कर सकते हैं। क्योंकि ईश्वर अमूर्त है और सबका अपना-अपना है, इसलिए आपकी अक्लमंदी अथवा बेवकूफी चल जाती है। मगर आदमी? आदमी को तो जमीन पर रहना है। वह यदि विरोधाभासों को जिएगा, तो निश्चित है कि अपने लिए मात्र दु:खों को बटोरेगा।

जब आप किसी मुखौटे के तहत अपनी इच्छाओं, आवश्यकताओं आदि को भीतर-ही-भीतर दबाते हैं, तो उसे दमन कहते हैं। इसका सीधा परिणाम होता है, अपने शरीर को मन:शारीरिक (Psycho-Somatic) रोगों के लिए तैयार करना। ऐसे में यदि कोई 'भय' से सुरक्षा के लिए अपने स्वास्थ्य को हथियार बना ले? यह तो ठीक है कि वह आए दिन बीमार नहीं पड़ता, परंतु उसका अपना दमन करने वाला स्वभाव दूसरी आदतों के साथ मिलकर उसके शरीर को कैंसर की गिरफ्त में धकेल देता है। सच, संतोष के आखिरी दिन कितने भयानक थे। गले में से लगातार मवाद आते रहना। चेहरे और सिर का सूजकर तुंबा बन जाना। शेष शरीर का सिकुड़कर खपच्चियाँ बन जाना। घर में घुसते ही मौत का एहसास एक सन्नाटे के रूप में महसूस होता था। लोग बताते हैं कि वे संतोष को देखकर बीमार पड़े। कई-कई दिन तक एक भय, एक आतंक उन्हें सताता रहता था।

मेरा सोचना है कि आपके समायोजन का संबंध जीवन की गुणवत्ता से तो है, लेकिन मृत्यु को हम फालतू में बदनाम करते हैं। वास्तव में यह हमारी शिक्षा, हमारे संस्कारों का कमाल है कि हम निम्न जीवन-स्तर को मृत्यु का और उच्च जीवन-स्तर को जीवन का प्रतीक मानते हैं। अन्यथा असलियत यह है कि संतोष की मौत ने सभी को राहत दी, यहाँ तक कि स्वयं संतोष को भी। जो राहत दे, वह भयानक कैसे हो सकता है।

मुझे तो लगता है कि जिनके पास अपनी निजता होती है, जो मृत्यु की वास्तविकता को स्वीकार करके अपना लक्ष्य निर्धारित करते हैं और जो निर्धारित लक्ष्य को पाने के लिए पुरुषार्थ का सहारा लेते हैं, उन्हीं का जीवन सार्थक होता है। वरना ज्यादातर लोग जिंदगी-भर कुढ़ते रहते हैं।

किसलिए?

अपनी प्रतिभा का उल्टा-सीधा इस्तेमाल करने से उपलब्धियाँ तो

अर्जित की जा सकती हैं, लेकिन जीवन-स्तर ऊपर उठाने के लिए सभी को जानना होता है कि उनके होने का मतलब क्या है? इसके उत्तर की तलाश ही तो अपनी निजता की पहचान है।

इसी को भूमिका की पहचान (Role-Identity) कहते हैं। निजता की पहचान की एक लंबी प्रक्रिया है। यह अनुसरण से प्रारंभ होकर मौलिकता पर जाकर समाप्त होती है। यानी आदमी जब बच्चा होता है, तब वह अपनी पहचान के लिए दूसरों का अनुसरण करता है। जब उसे अनुसरण का पात्र घर में नहीं मिलता, तब वह उसे पास-पड़ोस अथवा संबंधियों में ढूँढ़ता है। कई बार दादा-दादी अथवा नाना-नानी अपनी कहानियों के माध्यम से उसे यह पात्र उपलब्ध कराते हैं। आजकल यह जिम्मेदारी पत्र-पत्रिकाओं, रेडियो, टेलीविजन अथवा कॉमिक्स ने ले ली है।

रही बाल-मन की बात। वह जरा टेढ़ी बात है। टेढ़ी इन अर्थों में कि सभी की ग्राह्यता एक-जैसी नहीं होती। जब अनुसरण का पात्र घर-परिवार का ही सदस्य होता है तब वह अपनी जागरूकता की मदद से बाल-मन की कल्पना को लगाम भी देता है। संयम की यह लगाम कोई अन्य भी दे पाता हो, यह थोड़ा कठिन है। अर्थात् अनुसरण की प्रक्रिया का मूल्यांकन बाल-मन की ग्रहणशीलता के स्तर पर पुस्तकों, रेडियो अथवा टेलीविजन के लिए कठिन है।

किशोरावस्था के आते-आते अनुसरण की प्रक्रिया आदर्श-पूजा (Hero-worship) में बदल जाती है। सभी अनजाने में अपनी निजता के अनुरूप आदर्श-पूजा शुरू करते हैं। जो निजता के मामले में कंगाल होते हैं, वे हवा के साथ तो बह सकते हैं, परंतु आदर्श-पूजा नहीं किया करते। कुछ अपने लिए गलत लोगों का चयन कर लेते हैं। कुछ को गलत लोग अपने प्रभाव में ले लेते हैं।

नतीजा होता है, स्वच्छंदता। यदि उनकी शिक्षा (मेरा मतलब अध्यापक से है) समर्थ हुई, तब वे अपने व्यवहार को संगठित करके अपनी निजता को ढूँढ़कर लक्ष्य निर्धारित कर लेते हैं। अन्यथा भूमिका-भ्रांति (Role-Confunsion) के चक्कर में पड़कर अपनी स्वच्छंदता को ही अपना लक्ष्य मान लेते हैं। या

फिर भूमिका-भ्रांति (Role-Confusion) उनकी प्रतिभा की मौजूदगी में उन्हें पहले तो प्रभावशाली बनाता है और बाद में उनकी उपलब्धियाँ कोल्हू के बैल की तरह होती हैं। यानी समाज तो उनके होने से लाभान्वित होता है, परंतु वे महत्त्वाकांक्षाओं के चलते अपने अंदर पल रहे ज्वालामुखी के लावे को ठंडा करने में ही लगे रहते हैं।

बटन उलटा लगा होने पर जरूरी नहीं है कि कमीज को खोला जाए। अफसोस कमीज के बटनों को तो ठीक किया जा सकता है लेकिन जिंदगी? जिंदगी के बारे में आदमी मोमिन का शेर गुनगुनाता है–

उम्र तो सारी कटी इश्के-बुताँ में मोमिन
आख़िरी वक़्त में क्या ख़ाक मुसलमाँ होंगे

यानी आदमी कुढ़ता है, जीता है और वह दार्शनिक बनकर कहता है– यह जिंदगी है। जो देखता है, वह भी दार्शनिक बनकर अपने को सांत्वना देता है–यह दुनिया है, बस, देखते चलो।

रहा आत्मविकास का प्रश्न। तो दोस्तो। आदमी को बड़ा दृढ़प्रतिज्ञ होना पड़ता है। सोच लो यदि उम्र-भर कुढ़ते हुए जीना है, तब सांत्वना देते हुए दार्शनिक मुखौटा ओढ़ना होगा। अन्यथा अपनी मानसिकता की शल्यक्रिया करने के अलावा कोई चारा नहीं है।

अपनी खुद की चीर-फाड़ तुम्हें स्वयं ही करनी होगी। है इतनी हिम्मत? रही दर्द-पीड़ा की बात। वह तो तुम्हें सहना ही है। एक बार सहोगे या बार-बार? यह भी तुम्हें ही तय करना है। हाँ, एक बात है, जो पीड़ा को आमंत्रित करके उपलब्धियाँ अर्जित करते हैं, वे पीड़ा में भी आनंद खोज लेते हैं। सच पूछो तो–आमंत्रित पीड़ा ही तो आनंद का पर्याय है। यहीं तो संभोग और बलात्कार में अंतर हो जाता है।

यानी जो पीड़ा को आमंत्रित करके उपलब्धियाँ अर्जित करते हैं, वे स्वयं में आत्मतुष्टि को जीते हैं और दुनिया उन्हें बहादुर कहती है। जो खुद की चीर-फाड़ से होने वाली पीड़ा से आतंकित रहते हैं, वे तिल-तिल मरते हैं। उम्र-भर स्वयं से तो वे कुढ़ते ही रहते हैं, साथ ही दुनिया उन्हें कायर भी मानती है। इसे कहते हैं– न खुदा ही मिला, न विसाले-सनम। अर्थात् जो डर

गया, वह मर गया।

घबराओ मत। शेर से अगर डरोगे नहीं तो शेर खा जाएगा। लेकिन असलियत यह है कि जंगल हम जाते नहीं। शेर से यदि मुलाकात भी होती है तो वह बेचारा पिंजड़े में बंद होता है। उससे डरना असामान्यता का प्रतीक है। तो फिर हम कौन से शेर की बात कर रहे हैं? उसी की, जिसका आतंक हमारे दिलों पर छाया है। यानी हमारा अनदेखा भविष्य; यही तो हमें डराता है।

इस समय भविष्य तो है ही नहीं, तो फिर डर कैसा? दरअसल स्मृतियों के रूप में डर ने हमारे जीवन में स्थान बना लिया है। उसी को हम प्रक्षेपित कर-कर के अपने भविष्य से डरते हैं। अन्यथा भविष्य तो लक्ष्य-निर्धारण का साधन-मात्र है।

जब भविष्य लक्ष्य-निर्धारण का साधन बनता है, हमारी निजता अपनी बुलंदियों को छू रही होती है। ऐसे में लक्ष्य की प्राप्ति के लिए किया गया प्रत्येक प्रयास पुरुषार्थ में बदलकर जीवन के प्रत्येक क्षण को सार्थक बनाता है। यह जो हमारी सार्थकता है, यह जीवन और जगत् दोनों ही मामलों में हमारे समायोजन की उपलब्धि है।

एक बात और। जब हम भूमिका-निर्धारण अथवा अपनी पहचान के पीछे हाथ धोकर पड़ जाते हैं, तब भी मुश्किलें सामने आती हैं। हमारे देश के पिछड़ने का मुख्य कारण यही है कि निचले स्तरों पर काम के मामले में सभी ने विभाजन-रेखा खींच रखी है। कोई नहीं जानता, उसे जाना कहाँ है? किसी के पास अपनी निजी पहचान नहीं है। लेकिन सामाजिक पहचान के लिए वह पूरा संघर्ष करता है और काम के मामले में वह लगातार अपने अधिकारों के प्रति जूझना चाहता है। क्यों? इसलिए कि हमारी सांस्कृतिक विरासत ही कुछ ऐसी है। फिलहाल मेरे पास तुम्हें समझाने के लिए कोई तुलनात्मक अध्ययन नहीं है। फिर भी, सामाजिक पहचान के मामले में संबंधों का जितना सूक्ष्म विवेचन हमारे यहाँ हुआ है, वैसा कहीं और भी है, या नहीं, यह समाजशास्त्रियों से पूछना पड़ेगा। जाति-उपजातियों का झमेला, छुआछूत, ऊँच-नीच का बावेला, हमारे देश के सिवाय कहीं और भी है? कम-से-कम मुझे तो नहीं

मालूम।

यह सब क्या है?

अनुभूतियों की गहराई पर जिए गए सत्य को सामाजिक जीवन में सामान्यीकृत करने का नतीजा। संभवत: यह औद्योगिक का हिंदुस्तानी संस्करण है। भारतीय मनीषियों ने आत्मविकास के लिए लक्ष्य-निर्धारण को महत्त्वपूर्ण पाया होगा। उनके शिष्यों ने सामाजिक विकास के लिए लक्ष्य-निर्धारण को महत्त्वपूर्ण मानकर सभी को अपनी पहचान दे दी होगी। निजत्व की तलाश तो जीवन की सार्थकता के लिए आवश्यक है, लेकिन पद के आधार पर व्यक्ति की पहचान सामाजिक जीवन को टूटने की दिशा में आगे बढ़ाती है।

यह सही है कि हमारा शरीर ब्रह्मांड का पर्याय है। यानी शरीर को जानने-मात्र से ब्रह्मांड को समझा जा सकता है। लेकिन व्यक्ति समाज का सदस्य होते हुए भी समाज का पर्याय कदापि नहीं है। हमारे प्राचीन समाजशास्त्रियों ने इसी को समझने में तो गलती की है।

यह सच है कि जीवन और जगत् के मा़मले में भारतीय मनीषा की अनुभूतियाँ आज भी वैज्ञानिकों को दिशा-निर्देश दे सकती हैं, क्योंकि वे सार्वभौमिक हैं। लेकिन भारतीय समाजशास्त्रियों को तो सब-कुछ नए सिरे से करना होगा। अन्यथा कहीं कोई विस्तार नहीं है।

सामाजिक न्याय के उद्घोषक आज यही सब तो कर रहे हैं!

हाँ कर तो रहे हैं, लेकिन वोटों की राजनीति के लिए। वे रोग के अभाव़ को स्वास्थ्य मानकर चल रहे हैं। आरक्षण भी कभी काम का आधार बना है? जिसको बिना काम किए सब-कुछ मिलता हो, वह काम क्यों करेगा? हाँ, लोग फिर भी काम करते हैं। जो काम करते हैं, वे आत्मविकास के इच्छुक होते हैं।

जानते हो, हमारे भ्रष्टाचारी प्रशासक पकड़े जाने पर और शक्तिशाली कैसे बन जाते हैं?

यह सब आरक्षण की महिमा है। आरक्षण ने देश का स्तर ऊपर उठाया हो या न उठाया हो, लेकिन जो लोग आरक्षण की सीमा में आ गए हैं, वे

नैतिकता के मामले में भ्रष्ट अवश्य हो गए हैं। वे ही तो 'वोट बैंक' हैं। सभी उनके पथ-भ्रष्ट होने को भुनाने में लगे हैं। सरकार अर्धकुशल मानसिकता को कैश करने में लगी है। काश! हमारे नीति-नियोजक समझ पाते कि कार्यकुशलता को आगे बढ़ाए बिना न देश के गौरव को पाया जा सकता है और न ही देश को आगे बढ़ाया जा सकता है। अफसोस! देश, कौन-सा देश? हमारे नेता ही तो देश हैं, कार्यकुशलता जाए भाड़-चूल्हे में।

तुम्हें संतोष की याद तो है न।

लक्ष्यहीनता उसका दोष नहीं, मजबूरी थी। वह चाहता तो आरक्षण की बैसाखियों का सहारा लेकर कहीं-का-कहीं पहुँच सकता था। लेकिन उसने कभी ऐसा नहीं किया। वास्तव में जो स्वयं में भरोसा रखते हैं, उनके लिए सहायता का पर्याय गाल पर पड़ा तमाचा होता है। काश! लोगों ने राजनीतिक सत्ता के बजाए संतोष के समान ही आरक्षण की बैसाखियों को ठुकराकर अपनी उपयोगिता पर भरोसा किया होता।

लेकिन नहीं, भारतीय संस्कारों ने अपने सदस्यों को लालफीताशाही विरासत में दी है। जो जाति-प्रथा से लाभान्वित हैं, वे तो छुआछूत को मानते ही हैं, जो इसके कारण कहीं पिछड़ गए हैं, वे छुआछूत के मामले में हद दर्जे के दकियानूस हैं।

तो मैं बता रहा था, जहाँ जीवन को सार्थक बनाने के लिए लक्ष्य-निर्धारण आवश्यक है, वहीं रोजमर्रा के काम को लेकर आपको अपने-आप में स्पष्ट तो रहना चाहिए, लेकिन अपने कर्त्तव्य या अधिकारों को लेकर दकियानूस मत बनिए। ऐसा तभी संभव है, जब आपने अपनी तार्किक बुद्धि और भावना-प्रधान हृदय के बीच तालमेल बिठाया हो।

वास्तव में परिवर्तनशीलता के चलते किसी भी पद को दकियानूसी की सीमा तक कर्त्तव्य और अधिकारों की सीमाओं में नहीं बाँधा जा सकता। यह तो संविधान की सर्वोच्चता का दुष्परिणाम है, जिसे हम सब भोग रहे हैं, आवश्यकता तो थी कर्मचारी के जीवन का एक लक्ष्य हो, वह अपने मंतव्य में स्पष्ट हो, मगर संविधान की सर्वोच्चता ने आदमी को गौण करके पद को सीमाओं में बाँध दिया। जहाँ पद अपनी सीमाओं में बँधा है, वहाँ कर्मचारी

लालफीताशाही का नमूना बन गया। जहाँ पद संकेत-मात्र है, लेकिन कर्मचारी के जीवन का लक्ष्य भी है और वह अपने मंतव्य में स्पष्ट भी है; ऐसे संस्थान उत्पादकता के आदर्श बन जाते हैं।

कहने का तात्पर्य है कि ऐसी स्थिति में कर्मचारी जानते हैं कि किस प्रकार काम करके वे अपनी आवश्यकताओं को पूरा कर सकते हैं? जिसे उत्तर मालूम होता है, उसके लिए काम करना अर्थपूर्ण बन जाता है। काम की यह अर्थवत्ता एक ओर गुणवत्ता और उत्पादकता का पर्याय बनती है, दूसरी ओर कार्य-संतोष की जनक बनती है।

हालाँकि ऐसी स्थिति है तो असंभव, लेकिन प्रशिक्षण और परामर्श की मदद से अधिकांश को जीवन का लक्ष्य और मंतव्य की स्पष्टता दी जा सकती है।

अब प्रश्न उठता है कि आत्मविकास के मामले में इस प्रकार का लक्ष्य-निर्धारण कितना महत्त्वपूर्ण और उपयोगी है?

महत्त्व की दृष्टि से कहना चाहिए कि यह लक्ष्य ही है, जो आदमी को महान् बनाता है। स्वामी चिन्मयानंद ने अपने किसी साक्षात्कार में बताया था कि जब तक गांधी के पास देश को आजाद कराने का लक्ष्य नहीं था, गांधी मात्र बैरिस्टर थे। बैरिस्टर भी शायद इसलिए कि उसमें कोई फेल नहीं होता था। सिद्धार्थ अपने लक्ष्य से पहले मात्र एक मंदबुद्धि आदमी थे। जो आदमी छब्बीस वर्ष की आयु तक यह भी न जानता हो कि रोग और बुढ़ापा सभी को आता है, उसे आप क्या कहेंगे? मंदबुद्धि ही न? तो सिद्धार्थ सिर्फ मंदबुद्धि थे। और वही सिद्धार्थ लक्ष्य-प्राप्ति के बाद? उनके समय की दो तिहाई जनसंख्या उनकी अनुयायी थी। बहरहाल, यह जीवन का लक्ष्य ही है, जो आदमी-आदमी के बीच बुनियादी भेद दर्शाता है।

लेकिन उपयोगिता की दृष्टि से कहना चाहिए कि लक्ष्यहीनता संभवत: परिस्थिति-विशेष में बहुत अधिक हानि नहीं करती। मान लो, तुम्हें वे परिस्थितियाँ नहीं मिलीं, जिनकी मदद से तुम बचपन से ही अपना कोई लक्ष्य निर्धारित कर पाते। इसका मतलब यह कहाँ से हो गया कि अब तुम आत्मविकास के काबिल ही नहीं रहे? या फिर वर्तमान परिस्थितियों में किसी

कारणवश तुम्हें अपना लक्ष्य स्पष्ट न दिखता हो, इससे ऐसा कैसे समझा जा सकता है कि तुम आत्मविकास की दृष्टि से अयोग्य हो?

एक होती है आत्म-जागरण की प्रक्रिया। जब यह चालू होती है, आदमी निपट मूर्ख होता है। यह प्रक्रिया भीतर-ही-भीतर चलती है। जब पूरी होती है तो चमत्कार का विस्फोट होता है और देखने वालों की आँखें चौंधिया जाती हैं।

क्या पता, तुममें वही प्रक्रिया चल रही हो? यदि नहीं, तो फिर अपनी भीतरी चीर-फाड़ के लिए तैयार रहो। सच! मैं तुम्हें बहादुरी का जीवन जीते देखना चाहता हूँ।

❑❑

संयम अर्थात् जागरूकता

थोड़ी देर के लिए कल्पना करो कि तुम अपने कालेज की टीम के बेहतरीन खिलाड़ी हो। तुम्हारे पड़ोस में जो नए किराएदार आए हैं, उनके एक बेटी है। जबसे तुमने उसे देखा है, तुम्हारे सीने में पलने वाला दिल पराया हो गया है। तुम जब भी उसे देखते हो, दीवाने हो जाते हो और वह है कि तुम्हारी तरफ ध्यान ही नहीं देती।

आज तुम्हें मैच खेलना है। खेल में उतरने से पहले तुम देखते हो कि वह लड़की भी मैच देखने आई है। तुम्हारा सारा शरीर उत्तेजना से भर जाता है। बार-बार तुम यह सोचकर उत्तेजित हो उठते हो कि आज मैं अपने बढ़िया प्रदर्शन से उसे प्रभावित कर लूँगा।

अचानक तुम्हारी निगाह लड़की की तरफ उठती है। तुम उस लड़की को प्रशंसा-भरी नजरों से अपनी ओर देखते पाते हो। तुम्हें नशा-सा लगता है। लड़की को प्रभावित करने वाला तुम्हारा इरादा और मजबूत हो जाता है।

खेल शुरू हो जाता है। एक तो तुम शानदार खिलाड़ी। दूसरे, लड़की की प्रशंसा-भरी नजरों का करिश्मा। तीसरे, तुम्हारे दिल का पहलू से निकल जाना। सबने मिलकर तुम्हें सिर्फ एक बात के लिए तैयार किया है कि आज तुम्हें ऐसा खेल दिखाना है कि वह लड़की प्रभावित हो जाए।

तुम खेल रहे हो। तुम्हारा दिल लड़की के आसपास है। तुम्हारी निगाहें रह-रह कर लड़की की प्रतिक्रियाओं को टटोलने में लगी हैं।

एक-दो बार तुम्हारे साथी टोकते भी हैं और तुम सँभलकर ध्यानपूर्वक

खेलने लगते हो। लेकिन तुम्हारा दिल फिर लड़की के आसपास होता है।

इंटरवल हो जाता है। टीम का कप्तान, जो तुम्हारा दोस्त भी है, कहता है–'तेरे को क्या हो गया है? तू बोल तो उस लड़की को तेरे पास भिजवा दूँगा, पर फिलहाल ठीक से खेल।'

तुम भी भीतर से डर जाते हो, क्योंकि अगर टीम के कप्तान ने मदद न की होती तो विरोधी टीम तो गोल दाग ही चुकी थी। लेकिन यह एक तात्कालिक प्रतिक्रिया थी। क्योंकि उस लड़की की प्रशंसा-भरी नजरों ने तुम पर फिर से जादू कर दिया और तुम भूल गए कि तुम्हें टीम की जीत के लिए खेलना है। तुम पुनः लड़की को प्रभावित करने की कोशिशों में जुट गए।

आखिर वही हुआ जो होना था। अर्थात् वह टीम, जिसका विरोधी टीमों के बीच आतंक था, तुम्हारी बेवकूफियों के कारण हारते-हारते बची। और वह लड़की भी ये गई और वो गई!

जानते हो, ऐसा कैसे हो गया? तुम्हारी उम्र में यौनाकर्षण स्वाभाविक है। जिस लड़के का दिल खूबसूरत लड़की को देखकर पहलू से नहीं निकलता, वह भी तुम्हारी आयु में, तो निश्चित मानो कि उस लड़के में कहीं कुछ गड़बड़ है।

नहीं समझे? सीधी-सी बात है। जैविक (शारीरिक) धरातल पर उस लड़के की शारीरिक वृद्धि सामान्य नहीं है। इस दृष्टि से तुम पूरी तरह से सामान्य हो। कम-से-कम खूबसूरत लड़की को देखकर तुम्हारा दिल तो धड़कता है। इसलिए बधाई!

तो फिर तुम पूछ सकते हो कि गलती कहाँ हो गई? हाँ, यह हुआ न सवाल। अब जब प्रश्न किया है तो फिर उसके उत्तर को धैर्यपूर्वक पढ़ो, समझो और अभ्यास करो।

दो शब्द हैं–'जैविक' और 'मनोवैज्ञानिक'। जैविक का संबंध तुम्हारे शरीर की अवस्था और उसमें होने वाले परिवर्तनों से है। इन परिवर्तनों का स्वरूप जैव-रासायनिक है। मनोवैज्ञानिक का संबंध तुम्हारे शरीर में होने वाली सभी प्रक्रियाओं के बीच स्थापित समन्वयन तथा तुम्हारे और बाह्य-जगत् के

बीच स्थापित संबंधों से है। इस बात को ऐसे समझो–

सत्रह–अठारह वर्ष की आयु में यौन ग्रंथियाँ पूरी तरह से विकसित होकर परिपक्वता को प्राप्त होने लगती हैं। इनका काम प्रजनन को बढ़ावा देना होता है। प्रजनन स्त्री–पुरुष के बीच संभव है। ऐसे में दोनों का एक–दूसरे के प्रति आकर्षित होना स्वाभाविक है। लेकिन यह आकर्षण तभी तक सामान्य है, जब तक शरीर की दूसरी गतिविधियाँ ठीक–ठाक चलती रहें और युवक–युवतियाँ एक–दूसरे के प्रति आकर्षित होते रहें। लेकिन यदि इस आकर्षण से शरीर की अन्य गतिविधियाँ विकृत हो जाएँ अथवा रुक जाएँ तो यह मामला मनोवैज्ञानिक क्षेत्र में आ गया। अर्थात् यदि तुममें से कोई किसी लड़की अथवा लड़के के पीछे दीवानगी की हद तक आकर्षित हो जाए, तो कहना पड़ेगा कि उसने अपने जीवन में संयम का पाठ नहीं पढ़ा है।

'संयम' का अर्थ होता है किसी बड़े सुख के लिए अपनी त्वरित उत्तेजनाओं का त्याग करना। अर्थात् जीवन की सहजता के लिए कुछ देर की असहजता को सहर्ष स्वीकार करना। अब जैसे तुममें से कोई, जो सुबह देर तक बिस्तर में घुसा रहता हो, सवेरे–सवेरे उठकर घास के मैदान में नंगे पैर दौड़ने के लिए जाए। जानते हो, उसे कितने त्याग करने पड़ेंगे? भोर में आने वाले मीठे सपनों का त्याग। गुनगुने बिस्तर की नरमाहट का त्याग। आलस का त्याग। सिर्फ त्याग ही नहीं, बल्कि हवा के ठंडे झोंकों को सहना। ओस से भीगी घास की ठंडक को सहना। घास की कठोरता को सहना। पत्थरों की चुभन को सहना। दौड़ने से पैदा, हाँफती साँसों को सहना। यही नहीं, संभावना यह भी है कि उसे ठंड लग जाए और खाँसी, जुकाम अथवा बुखार हो जाए।

हैं न सौ झंझट। लेकिन इन झंझटों का फायदा भी है। जिसने सुबह उठकर घास के मैदान में दौड़ने का नियम बना लिया है, उसका स्वास्थ्य ठीक रहता है, आपातकाल आने पर कड़ा संघर्ष कर सकता है; जीवन के प्रति उसके मन में स्वीकारोक्ति का भाव रहता है; वह आसानी से हौसला नहीं छोड़ता; अनिर्णय और द्वंद्व जैसी स्थितियाँ जहाँ दूसरों को तोड़कर रख देती हैं, वह बिना घबराए उन्हें जीत लेता है; दूसरों की तुलना में वह अपनी मानसिक शक्तियों का बेहतर इस्तेमाल कर पाता है; सबसे बड़ी बात यह कि वह

संतुलन का जीवन जीता है और रोगों के मामले में उसके शरीर की प्रतिरोध क क्षमता बढ़ जाती है।

अब सोचो! त्वरित उत्तेजनाओं को त्यागने से जन्मी असहजता कितने बड़े लाभ की संभावनाओं को जगाती है?

तुम कह सकते हो कि मैं भी तो खेलता हूँ। इस खेल के लिए मैंने भी तो अनेक त्याग किए हैं। फिर मेरा दिल पहलू से कैसे निकल गया?

सचमुच। स्वयं से प्रश्न करो। क्या वास्तव में तुमने जीवन की सहजता के लिए अपनी त्वरित उत्तेजनाओं व इच्छाओं के त्याग के मामले में असहज होने का अभ्यास किया है?

संभवत: तुम्हारा उत्तर 'नहीं' होगा। यह 'नहीं' केवल तुम्हारा ही नहीं है, बल्कि हमारे देश का स्वभाव बन गया है। भारत 'योग' की जन्मभूमि रहा है। जिस योग को भारत ने विश्व को दिया, उसी योग को हम सब पश्चिमी पुस्तकों के माध्यम से सीख रहे हैं।

एक हुए हैं–डाक्टर हरबर्ट बेंसन। हृदयरोग-विशेषज्ञ। वह योग को सीखने के लिए भारत आए। भारतीय योगियों से मिले। योग सीखा। पता नहीं भारतीय योगी उन्हें योग सिखा नहीं पाए अथवा डॉ. बेंसन योग सीख नहीं पाए। कुछ कहा नहीं जा सकता। हाँ, इतना सही है कि उनके सामने योग को चमत्कारपूर्ण बनाकर पेश किया गया। नतीजा यह हुआ कि डॉ. बेंसन ने योग को शिथिलीकरण अभ्यास के रूप में पेश किया। और आज योग पर लिखी भारतीय लेखकों की पुस्तकों में अधिकांश आसनों के द्वारा रोगों से छुटकारा ही देखने को मिलता है।

क्यों? इसलिए कि भारतीय जनमानस उत्तेजनाओं के त्याग से उपजी असहजता को सहर्ष स्वीकार करने की मन:स्थिति कभी नहीं बना पाया। शायद इसीलिए योग को भारतीय जनमानस में पूजा तो जाता है, लेकिन उसका अभ्यास नहीं किया जाता। क्योंकि संतुलन हमारा स्वभाव नहीं है, इसीलिए हमें 'आत्मविकास' जैसे शब्दों से परहेज-सा है।

तुम्हारी ओर से एक प्रश्न हो सकता है कि 'संयम' की बात

करते-करते 'योग' को बीच में घसीटने की क्या जरूरत थी?'

वास्तव में पतंजलि-कृत 'योगसूत्र' भारतीय मनोविज्ञान का वैज्ञानिक प्रस्तुतीकरण है, जिसमें व्यक्तित्व-विकास का क्रमानुसार वर्णन किया गया है। पतंजलि ने संयम को इस विकास की कुंजी माना है। अब जब संयम की चर्चा हो तो यह कैसे हो सकता है कि योग की उपेक्षा की जाए। दरअसल, संयम की स्थूल परिभाषा के अनुसार बड़े उद्देश्य की प्राप्ति के लिए छोटे उद्देश्यों का त्याग ही 'संयम' है। और सूक्ष्म रूप से संयम की व्यापकता में पतंजलि ने ध्यान, धारणा और समाधि को सँजोया है।

इसको ऐसे समझो। जीवन में मोटे तौर पर तीन प्रकार का कौशल पाया जाता है। एक—बौद्धिक कौशल, जिसका प्रदर्शन हमारी निर्णय करने की सामर्थ्य के माध्यम से होता है। दो—संवेगात्मक कौशल, जिसका प्रदर्शन हमारी सहजता के माध्यम से होता है। तीन—सामाजिक कौशल, जिसका प्रदर्शन सामाजिक परिस्थितियों में दूसरों को स्वीकार करने व उन्हें सहन करने से होता है। मजे की बात यह है कि अपनी सहजता के अभाव में न तो हम अपने बौद्धिक कौशल का प्रदर्शन कर सकते हैं और न ही सामाजिक कौशल का प्रदर्शन कर सकते हैं। इस दृष्टि से हमारा संवेगात्मक कौशल अधिक महत्त्वपूर्ण है, क्योंकि इस कौशल का केंद्र-बिंदु हमारा संयम है।

जो संयम की उपेक्षा करते हैं, वे तर्क के स्तर पर बातें कुछ भी करें, परंतु अपने मन में स्वीकारोक्ति का भाव नहीं रखा करते। जो स्वीकार नहीं करता वह तनिक-से कष्ट से विचलित हो जाता है। यह जो विचलित होना है, यह एक ओर तो हमें तनाव की स्थिति में पहुँचा देता है। जो यथार्थ के संपर्क में ही नहीं, उसका सुख, उसकी सफलता और उसका स्वास्थ्य, सभी कुछ अनिश्चित रहते हैं। हमारा यह अनिश्चय ही भाग्यवाद का पोषक है।

पूछो क्यों?

इसलिए कि संयम के अभाव में या तो हमारा यथार्थ से संबंध बिगड़ गया है या फिर बिलकुल टूट गया है। ऐसे में हमारे प्रयास तो फिर भी चलते रहते हैं। अब जब यथार्थ से संपर्क ही नहीं है, तब तार्किक रूप से तो हमारी सफलता की संभावना ही समाप्त हो गई। लेकिन व्यवहार में ऐसा नहीं होता।

क्योंकि हमारा व्यक्तित्व, जो आदतों का पुंज है, हमें जाने-अनजाने (अपने स्वरूप के अनुसार यथार्थ से जोड़े रख भी सकता है और नहीं भी रख सकता। जानते हो, इस अनिश्चय का कारण हमारा वंशानुक्रम (सात पीढ़ियों से मिले संस्कार), माँ के गर्भ में जन्म से पहले की परिस्थितियाँ, जन्म के समय का वातावरण, जीवन में सीखी गई आदतें आदि हैं। ये सब मिलकर सफलता और असफलता के अनेक कारणों के लिए जिम्मेदार हैं। जब घटना एक हो और कारण अनेक हों, तब निर्णायक रूप से कुछ नहीं कहा जा सकता। फिर आम आदमी बाल की खाल नहीं निकाला करता। वह तो बस स्थूल-रूप में जानता है कि सफलता के लिए प्रयास ही काफी नहीं होते? बल्कि भाग्य का सहयोग भी चाहिए।

यदि वह असफलता के दलदल में फँस गया है, तो रूठे भाग्य को मनाने के लिए संयम का अभ्यास वह फिर भी नहीं करता, बल्कि अंधविश्वास की शरण में चला जाता है।

एक शंका है। एकाध व्यक्ति यदि ऐसा करता है तो माना जा सकता है कि उसके साथ कुछ गड़बड़ है। जब पूरा-का-पूरा समाज (बल्कि समाज ही नहीं, सारा संसार) ऐसा करता हो, तो फिर गड़बड़ व्यक्ति में न होकर व्याख्या में होती है। कहीं ऐसा तो नहीं है कि जिस सफलता की दावेदारी आप संयम के माध्यम से कर रहे हैं, वह दावेदारी मात्र किताबी हो।

यदि संयम को योग का पर्याय समझा जाए तो इस शंका में दम है। यह ठीक है कि अधिकांश सफल व्यक्ति, जो निश्चितता का जीवन जीते हैं, संयम का अभ्यास उस क्रम में करते नहीं दिखते, जिस क्रम में पतंजलि ने उसे 'योग सूत्र' में स्थापित किया है। लेकिन संयम को इस रूप में न लेकर ऐसे समझो कि जीवन की सहजता को पाने के लिए कितने लोग असहजता को सहर्ष स्वीकार करते हैं। राष्ट्रीय एवं अंतर्राष्ट्रीय खेल-प्रतियोगिताओं में विजय प्राप्त करने वाले विभिन्न देशों के सदस्य सफलता के लिए कितना परिश्रम करते हैं? हमारे देश में खेलने का शौक बच्चों में पाया जाता है मगर खेलने की जिम्मेदारी खिलाड़ियों की होती है।

अचानक खेलों में मिली सफलता को यदि छोड़ भी दिया जाए, तो

फिर जो देश लगातार विजय प्राप्त करते हैं, उनके अधिकांश सदस्यों के जीवन-मूल्यों में खेलना सम्मिलित रहता है। अर्थात् उन देशों की जनता खेलों के प्रति समर्पित होती है और अधिकांश सदस्य खेलों से होने वाली असहजता को सहर्ष स्वीकार करते हैं। उनकी यह सहज स्वीकारोक्ति ही उनको संयम का जीवन जीने के लिए प्रेरित करती है।

पूछ सकते हो कि खेल प्रतियोगिताओं में विजयी तो विकसित और अविकसित दोनों ही तरह के राष्ट्र होते हैं। जब दोनों ही संयम का अभ्यास करते हैं, फिर विकसित और अविकसित का भेद क्यों?

पहली बात तो यह कि विकसित और अविकसित का निर्णय बहुत-सी बातों पर निर्भर करता है। लेकिन सदस्यों की सामाजिक और आर्थिक दशा इस मामले में निर्णायक रहती है। जो देश बौद्धिक कौशल के मामले में अपनी महत्ता स्थापित कर पाते हैं और उनके नागरिक सामाजिक और आर्थिक रूप से सुदृढ़ होते हैं, वे ही विकसित माने जाते हैं। जब इन देशों के सदस्य खेलों में सफलता के लिए असहजता को सहर्ष स्वीकार करते हैं, तब वे निश्चितता का जीवन जी पाते हैं। लेकिन इस निश्चितता का अर्थ यह कभी नहीं होता कि उनके द्वंद्व समाप्त हो गए। बल्कि उलटा होता है। अर्थात् वे अपने द्वंद्वों और तनावों के मामले में दूसरों की तुलना में अधिक सचेत व जागरूक होते हैं। इस बात को ऐसे समझो। एक ओर वह गरीब आदमी है, जिसे अपने परिवार का पेट भरने के लिए दिन-भर खटना पड़ता है और जी-तोड़ मेहनत करनी पड़ी है। यदि वह ऐसा नहीं करेगा तो भूखा मर जाएगा। दूसरी ओर एक उद्योगपति है, जिसके कई कारखाने चल रहे हैं। वह भी दिन-रात लगा रहता है। लेकिन दोनों के बीच अंतर है। एक जिंदा रहने के लिए मेहनत करता है; दूसरा अपने व्यापार की उन्नति के लिए मेहनत करता है। एक रूखी-सूखी रोटी खाकर चैन से सोता है; दूसरे को व्यापारिक तनाव रहता है। यह बिलकुल ऐसी स्थिति है, जैसे एक की अँगुली कटी है तो दूसरे को मात्र खरोंच लगी है। जिसकी उँगली कटी है, उसे स्प्रिट की संवेदना नहीं होती, पर जिसके खरोंच लगी है, वह आह-ऊह खूब करता है। यानी निश्चितता का जीवन जीने वाले अपने तनावों के प्रति अधिक सचेत रहते हैं। हम भटक गए।

संयम की चर्चा करते-करते कहीं और चले गए। बहरहाल संयम का अभ्यास हमें निश्चितता का जीवन उपहार में देता है। बस, इसकी शर्त यही है कि हम असहज होकर सहजता का अभ्यास करें।

इसका अर्थ यह हुआ कि उस लड़की के प्रति मेरा प्यार गलत था?

शब्दों का प्रेम अथवा प्यार, सच पूछो तो अपनी वासना-पूर्ति अथवा यौन-तुष्टि का माध्यम है। कहना चाहिए कि कुछ व्यवहार ऐसे होते हैं, जिनको चीनी की चाशनी में भिगोना आवश्यक होता है। है सब जैविक ही, मगर उसकी तुष्टि के लिए 'प्रेम', 'आत्मिक प्रेम' जैसे शब्दों का इस्तेमाल स्वाभाविक है। इसीलिए कहावत है कि आदमी का प्रेम संभोग तक सीमित होता है और औरत इसके बाद प्यार करती है। यही शब्दों के द्वारा प्रदर्शित प्रेम की वास्तविकता है। अन्यथा प्रेम दो व्यक्तियों (स्त्री-पुरुष) के बीच जन्मे संबंधों की जीवन-भर की परिणति का प्रभाव है। जैसे तुम्हारे माता-पिता तीस वर्षों से विवाहित जीवन के बाद आज इस मन:स्थिति में होंगे कि कहें कि उनके बीच प्रेम था। उस प्रेम में बायोलॉजी थी, वरना तुम नहीं होते। उस प्रेम में साइकोलॉजी है, क्योंकि आज वे एक-दूसरे के अभाव को सह नहीं सकते। क्योंकि आज उन्हें अपने संबंधों के मूल में जन्म-जन्मांतरों का अनदेखा आत्मिक रिश्ता दिखाई देता है।

आपका मंतव्य है कि सामाजिकता की दृष्टि से प्रेम का कुछ महत्त्व ही नहीं है?

इस सबका अर्थ यह कहाँ से हो गया? प्रेम समाज को गति प्रदान करता है। बातें चाहे हम कैसी भी करें, लेकिन वास्तविकता यह है कि सभी समाजों में स्त्री को संपत्ति के रूप में स्वीकार किया जाता है। जो समाज जितना अधिक जड़ है, वह समाज स्त्री को उतनी ही शिद्दत के साथ अपनी संपत्ति मानता है। उसकी शिद्दत का चरम यह है कि वह कूप-मंडूक के समान कुएँ से बाहर देखना ही नहीं चाहता। तुम तनिक 'महाभारत' की कहानी याद करो।

कौरव-पांडवों के बीच युद्ध की घोषणा हो चुकी है। कुरुक्षेत्र के मैदान में दोनों पक्षों की सेनाएँ युद्ध करने के लिए डटी हैं। इसी बीच कृष्ण दोनों

सेनाओं के बीचोंबीच रथ को खड़ा कर देते हैं। अर्जुन दोनों सेनाओं में अपने संबंधियों को देखकर तथा शत्रु सेना में अपने प्रियों को देखकर उदास हो जाते हैं। वह कृष्ण से युद्ध करने को मना कर देते हैं। कृष्ण पूछते हैं कि तुम युद्ध क्यों नहीं करना चाहते?'

'युद्ध से बंधु-बांधवों की मृत्यु होगी।'–अर्जुन कहते हैं।

'उससे क्या होगा?'–कृष्ण पूछते हैं।

'उससे परिवार की स्त्रियाँ विधवा हो जाएँगी।'–अर्जुन कहते हैं।

'फिर क्या होगा?'–कृष्ण फिर पूछते हैं।

'उससे वर्णसंकर संतानें पैदा होंगी।'–अर्जुन सिहरकर उत्तर देते हैं।

'उससे क्या होगा?'–कृष्ण अर्जुन को उकसाते हैं।

'उससे समाज भ्रष्ट होकर नष्ट हो जाएगा।'–अर्जुन अपनी आशंका प्रकट करते हैं।

कम या अधिक विकास को लेकर सभी समाजों का आंतरिक द्वंद्व स्त्रियों के भ्रष्ट होने से जुड़ा है। विशेष रूप से अविकसित समाज अपनी पहचान खो देने के भय से विकास को अपना शत्रु समझते हैं। वे नहीं चाहते कि विकसित समाज के सदस्य विकास के नाम पर आकर उनकी स्त्रियों को खराब करें। इसीलिए वे विकास का विरोध करते हैं।

'प्रेम' इस विरोध का उत्तर है। वास्तव में किशोर-किशोरियों के हृदयों में पलने वाला प्रेम एक ऐसी क्रांतिकारी चिंगारी है, जो सामाजिक विकृतियों को जलाकर राख कर देती है। लेकिन इस प्रेम की सीमा यह है कि यदि दो हृदयों के बीच पलने वाले प्रेम ने संयम को अपना आधार नहीं बनाया है तो सामाजिक विकृतियों के समाप्त होते ही वह स्वयं भी समाप्त हो जाता है। ऐसे में अपनी समाप्ति के बाद प्रेम और भी भयानक सामाजिक विकृति को जन्म देता है।

संभवत: यही वह कारण है कि समाज पति-पत्नी के बीच पलने वाले प्रेम को न केवल प्रेम के रूप में स्वीकार करता है, बल्कि उसे पूरा संरक्षण भी देता है। अन्य स्थितियों में तो वह प्रेम को जैविक ही मानता है।

फिर राधा और कृष्ण के बीच क्या कहेंगे?

वही 'जैविक' संबंध, जिसे लोगों ने 'आध्यात्मिक' का मुलम्मा लगाकर पेश किया है। वास्तव में संयम की दुहाई देने वाले भारतीय मनीषियों के परवर्ती बुद्धिजीवियों ने नियंत्रण और दमन की भाषा का आविष्कार किया। धर्म के नाम पर जीवन की वास्तविकताओं को जब नकारा जाने लगा, तब राधा और कृष्ण के बीच प्रेम की कल्पना करके समाज ने दमन की भाषा का विरोध किया। यही कारण है कि राधा-कृष्ण का प्रेम 'पौराणिक' अधिक है।

सच तो यह है कि संयम न तो नियंत्रण है और न ही यह इच्छाओं का दमन है। इसका अभ्यास तो व्यक्ति को स्वयं ही करना होता है। अपनी आवश्यकताओं, समाज की आवश्यकताओं तथा समय की नजाकत के प्रति जागरूक रहने वाले को स्वत: ही पता लग जाता है कि पतंग को कब ढील देनी है या कब डोर को तानना है। यह जो जागरूकता है, किसी सीमा तक आपकी बेखयाली वाली सहजता को तोड़ती है। यह जो सहजता का टूटना है, यही तो असहजता है, जिसे हमें सहर्ष स्वीकार करना होता है। लेकिन इसका तात्पर्य यह कहीं नहीं होता कि हमें सहजता के लिए पागलों वाली ऊलजलूल हरकतें करनी होती हैं। हाँ, ऐसा कुछ अवश्य करना होता है कि हमारे ध्यान की उपस्थिति बनी रहे।

लेकिन जब बाहर का कोई स्रोत हमें संयम का पाठ पढ़ाता है, तो वह नियंत्रण एवं इच्छाओं के दमन को संयम को समानार्थक बना देता है। जहाँ संयम जीवन को सहज बनाता है, वहीं नियंत्रण अथवा दमन जीवन के कष्टों को बढ़ा देते हैं। ऐसे में जीवन अपनी सहजता के लिए ऐसा कुछ नया ईजाद करता है, जो सर्वमान्य हो। राधा और कृष्ण का प्रेम ऐसी ही एक ईजाद है।

फिर ठीक भी है। वर्णसंकर, समूहों की पहचान को नष्ट करते हैं, लेकिन व्यापक स्तर पर सामाजिक उपलब्धियों का कारण भी बनते हैं। यह भी ठीक है कि विवाह, सामाजिक व्यवस्था और उसकी शांति को बनाए रखने वाली संस्था है, लेकिन इसका अर्थ यह कहाँ हो गया कि स्त्री की बेहतरीन संतान पैदा करने वाली क्षमता पर प्रकृति ने भी ताला डाल दिया। क्योंकि ऐसा कोई ताला नहीं बना है, इसीलिए वह समर्थ पुरुषों की ओर आकर्षित होती है। कोई भी पति अथवा कोई भी समाज उसके इस अधिकार

पर अंकुश नहीं लगा सकता, इसीलिए वह बाहर से आने वाले पर अंकुश लगाते हैं; घर की दीवारें ऊँची कर देते हैं। यदि ऐसा कुछ नहीं कर पाते तो विकास का विरोध शुरू कर देते हैं।

इस पूरी व्याख्या से यह मत समझना कि मैं प्रेम की प्रशंसा में कसीदे पढ़ रहा हूँ। है तो यह सब जैविक ही, लेकिन क्योंकि समाज के व्यापक हित को साधने की संभावना भी रखता है, इसलिए इसको पूरी तरह से अस्वीकृत नहीं किया जा सकता।

दूसरी बात यह कि बेहतरीन संतान पैदा करने की इच्छा, समर्थ पुरुष या संपूर्ण स्त्री के संसर्ग की इच्छा, दोनों के केंद्र में बायोलॉजी है। लेकिन जब इस बायोलॉजी में हमारा 'मैं' शामिल होता है, तभी संयम की सायास आवश्यकता पड़ती है। वह भी इसलिए कि इससे हमारी सहजता और समाज की शांति भंग होती है। थोड़ा असहज होकर अर्थात् वस्तुस्थिति के संपर्क में रहकर निरपेक्ष भाव से हमें तात्कालिक तौर पर तथा व्यापक दृष्टि से, उचित और अनुचित तथा हितकर और अहितकर के भेद को समझना होता है।

शेष सभी तो संभव है, लेकिन वस्तुस्थिति के संपर्क में रहकर निरपेक्ष भाव को एक दिन में विकसित नहीं किया जा सकता। इसलिए संयम के अभ्यास की निरंतर आवश्यकता पड़ती है। दरअसल, जब किसी इच्छा के साथ हमारा अहम् अर्थात् 'मैं' जुड़ जाता है, तब दृष्टिकोण की तटस्थता गायब हो जाती है, इसीलिए प्रेम को अंधा कहा जाता है।

तुम्हारे मामले में भी यही हुआ। उस लड़की को आकर्षित करने की कोशिश में तुम यथार्थ से पूरी तरह कट गए। तुम्हारी टीम जो हारते-हारते बची, उसे बचाने में भी तुम्हारा सक्रिय सहयोग लगभग नगण्य था। न हारने के मामले में तुम्हारे बेहतरीन खिलाड़ी होने ने (अर्थात व्यक्तित्व ने) महत्त्वपूर्ण भूमिका निबाही।

सुनो! यदि तुम इसी तरह से अपना दीवानापन दिखाते रहे, तो पहले तो तुम्हारी कुशलता पर प्रश्नचिह्न लगेगा, फिर तुम्हारी क्षमता पर प्रश्नचिह्न लगेगा; और अंत में तुम्हें टीम से निकाल दिया जाएगा।

इस सबका परिणाम होगा कि तुम आत्मग्लानि के शिकार हो जाओगे।

बेहतर होगा कि तुम जीवन की सहजता के लिए संयम का अभ्यास करो। ठीक उसी तरह से, जैसे शिक्षा अपने-आप में सहज नहीं है, लेकिन जो शिक्षा प्राप्त करता है (चाहे इसके लिए उसे कितने ही कष्ट उठाने पड़ें), आगे जाकर उसका जीवन प्राप्त किए हुए ज्ञान की सहायता से सहज हो जाता है।

आओ! इस आत्मविवेचन की शुभ घड़ी में हम अपनी उत्तेजनाओं पर संयम के लिए त्याग को जीवन का मूलमंत्र बनाएँ। यही हमारे आत्मविकास का केंद्रबिंदु है।

❑❑

करें अपनी तलाश

चुनाव के दिनों में लगभग सभी पत्र-पत्रिकाएँ चुनाव-आकलन, चुनाव-विश्लेषण जैसे स्तंभ छापती हैं। जिनमें बताया जाता है कि अमुक-अमुक पार्टियों के जीतने की संभावना है या फलाँ क्षेत्र से फलाँ प्रत्याशी जीतेगा।

भविष्य तो हम सबके लिए अनजाना है; फिर इस तरह की कलाबाजियों का मतलब क्या है?

समय एक सापेक्ष व अमूर्त सत्य है। इसकी सापेक्षता का संबंध जीवन और जगत् की परिवर्तनशीलता से है। उदाहरण के लिए तुम मानव-जीवन को ही लो। इस जीवन के एक छोर पर जन्म है और दूसरे छोर पर मृत्यु। जन्म और मृत्यु के बीच में जहाँ जीवन है, वहीं इसका प्रक्षेपण हमारी चेतना पर समय के माध्यम से होता है। यह एक दार्शनिक महत्त्व का विषय हो सकता है कि क्या यह समय (काल) है, जिसके चलते जीवन छीजता है (अर्थात् मुत्यु को प्राप्त होता है) अथवा यह जीवन का घटनाक्रम है, जो हमारी चेतना पर अंकित होकर समय के माध्यम से प्रदर्शित होता है? बहरहाल यह जो जीवन और जगत् का अनजाना घटनाक्रम है, समय के पटल पर भविष्य के रूप में जाना जाता है। अब क्योंकि जीवन का दूसरा नाम हमारी चेतना के धरातल पर उत्सुकता है, इसलिए जो जितना जीवन से सराबोर है, वह भविष्य के लिए उतना ही उत्सुक है। साथ ही हमारी उत्सुकता की उत्तेजित अवस्था का संबंध अनुभव के धरातल पर भूतकाल में महसूस होने वाली निश्चितता से भी जुड़ा है। अर्थात् जो अपनी अनिश्चितता के प्रति वर्तमान में जितना

सचेत, जागरूक अथवा चिंतित है, वह भविष्य को जानने के मामले में उतना ही उत्सुक है। चुनाव के दिनों में अपने राजनीतिक भविष्य को लेकर सभी की उत्सुकता अपने चरम पर होती है। अखबार वाले हमारी इसी उत्सुकता को भुनाने का प्रयास करते हैं।

प्रश्न उठता है कि भुनाते तो सभी हैं, लेकिन चुनावों में सही अनुमान कौन लगा पाता है?

वही, जो संतुलित होकर सहजभाव से अपने वर्तमान (भूतकाल के अनुभवों को नहीं) को प्रक्षेपित कर पाता है।

पूछो कैसे?

कभी किसी तेज बहाव वाली नदी में नहाए हो? याद करो, नदी में पहला गोता तुमने जिस धारा में लगाया था, क्या दूसरा गोता भी पानी की उसी धारा में लगाया? तुम्हारा उत्तर होगा कि दूसरा गोता लगाने तक नदी की उस धारा का पानी (जिसमें पहला गोता लगाया था) जाने कहाँ-का-कहाँ पहुँच गया था। अपने इसी उत्तर के माध्यम से समझने की कोशिश करो। जिस प्रकार नदी प्रवाहमान है, उसी प्रकार समय भी बहता है। पानी की धारा के संपर्क में तुम थे और समय की धारा के संपर्क में है तुम्हारी चेतना। जैसे तुम नहाते समय पानी की धारा को रोककर नहीं रख सके, वैसे ही तुम्हारी चेतना वर्तमान (समय की गति) को रोककर नहीं रख सकती। बौद्ध दार्शनिकों ने इस तथ्य को 'क्षणभंगुरवाद' के आधार पर समझाया है। अर्थात् समय को भूत और भविष्य के रूप में ही बाँटा जा सकता है और वर्तमान को केवल महसूस किया जा सकता है, वह भी तब, जब हम उसके प्रति जागरूक हों। अन्यथा लोग वर्तमान के नाम पर भूतकाल में अर्जित उपलब्धियों को ही गिनाते हैं।

अब तुम स्वयं समझ सकते हो कि जो वर्तमान के प्रति जागरूक ही नहीं है, वह भविष्य का अनुमान ही कैसे लगाएगा? संभवत: यही कारण है कि अधिकतर अनुमान भूतकाल की उपलब्धियों, तर्क तथा अपनी इच्छाओं को भविष्य में प्रक्षेपित करके 'विशफुल थिंकिंग' के आधार पर लगाए जाते हैं।

क्या यह अनुमान लगाने की प्रक्रिया की व्याख्या है? यदि हाँ, तो

इसका हमारी आस्थाओं से क्या संबंध है?

आस्थाओं का संबंध अनुमान लगाने की प्रक्रिया से है। वर्तमान के विषय में कहा जा सकता है कि अनुभूतियों के स्तर पर या तो हम सुख का अनुभव करते हैं या फिर दुख का अथवा सुख-दुख दोनों का अनुभव करते हैं। या फिर दोनों को नहीं करते। लेकिन जीवन सुख के सिद्धांत से संचालित होता है। अर्थात् यह सुख है, जिसे हम पाना चाहते हैं। यह भी सुख ही है, जिससे हम चिपके रहना चाहते हैं। यहाँ तक कि जो लोग जान-बूझकर अनेक प्रकार के कष्ट उठाते दिखाई देते हैं, वे भी किसी अनदेखे-अनचीन्हे सुख की लालसा अपने मन में पाले रहते हैं। और तो और मानसिक रोगी, जिनकी अवस्था को देखकर हमारा मन पीड़ा से भर जाता है, वह उस अवस्था में भी सुख ढूँढ़ लेते हैं। सच पूछो, मुझे तो लगता है कि हर आदमी दुख से भागता है। वह दु:ख की कल्पना से भागता है।

जो हमारा भूत है, उससे जुड़ी दु:ख की अनुभूतियों को हम स्मृतियों के गर्त में धकेल देते हैं। कई बार तो ऐसा भी देखा जाता है, जब आदमी का मन भूतकाल से जुड़ी स्मृतियों को अस्वीकार कर देता है। वह स्वयं को एक नई पहचान देता है।

अन्यथा ऐसा तो होता ही है कि हम अपनी सुख की इच्छा को भविष्य में प्रतिफलित होते देखना चाहते हैं। लेकिन एक अन्य सत्य भी है कि दूध का जला छाछ को फूँक-फूँककर पीता है।

नहीं समझे? जिसके भूतकाल के अनुभव दु:खदाई हों, वर्तमान में जो दु:खद अनुभूतियों से होकर गुजर रहा हो, वह भविष्य के प्रति आवश्यकता से अधिक आतुर रहता है। हाँ, यह बात दूसरी है कि वह अपने अनुभवों की रोशनी में अपने भविष्य को भी दु:खद पाता है। ऐसे में यदि मोह ने उसे अपने मायाजाल में फँसा रखा है तो वह काले बादलों में भी बिजली की कौंध (प्रकाश की किरण) ढूँढ लेता है। अक्सर ऐसा उन बूढ़े व्यक्तियों में होता है, जिनका शरीर छीज गया है। वे मृत्यु-शैया पर पड़े रहकर भी पोते का मुँह देखे बगैर मरना नहीं चाहते।

मोह, जिसकी गिनती भारतीय मनीषा ने दुर्गुण के रूप में की है, मुझे

इन संदर्भों में जीवन की सशक्त प्रेरणाओं में से एक लगता है। फिर जीवन तर्क से थोड़े ही चलता है। पता नहीं, कब परिवर्तनशीलता के चलते दुःख सुख में बदल जाए और जिसे हम तमाम उम्र नाकारा मानते रहे, वह समाज के लिए उपयोगी हो जाए।

चलो, हम अपनी बात पर ही लौट आएँ। भविष्य के बारे में अनुमान लगाते समय एक अन्य तथ्य भी काम करता है। यह है व्यक्ति की जैविक शक्तियों की सामर्थ्य। अर्थात् तुम्हारी उम्र में शरीर की जैविक सामर्थ्य लगातार छलकती रहती है। यदि हम सामाजिक परिस्थितियों को स्थिर मानें तो कहेंगे कि तुम्हारे सामने दो ही संभावनाएँ हैं। एक–या तो तुम भविष्य के प्रति आवश्यकता से अधिक आशावान हो या फिर आशंकित हो। अब यदि सामाजिक परिस्थितियाँ सहयोगपूर्ण हैं तो तुम्हारी आशावादिता या तो और बढ़ जाती है अथवा तुम्हारे मन में भविष्य के प्रति अनजानी आशंका बनी रहती है। लेकिन यदि सामाजिक परिस्थितियाँ असहयोग करना शुरू कर दें तो फिर या तो तुम भविष्य के प्रति आशंकित हो उठोगे, या फिर आत्महत्या–जैसी मनःस्थिति के शिकार हो जाओगे।

सभी तरह की संभावनाओं के कारण इतना निश्चित है कि तुम संतुलित होकर सहज भाव से अपने वर्तमान को प्रक्षेपित करके भविष्य के बारे में ठीक-ठीक अनुमान लगाने की मनःस्थिति में नहीं हो। ऐसे में ही जीवन में अर्जित तथा अभ्यास के द्वारा पोषित आस्थाएँ हमारी सहायता करती हैं।

कहीं हम उन आस्थाओं की चर्चा तो नहीं कर रहे, जिनका इस्तेमाल धर्म अथवा उसके हितचिंतक करते रहे हैं?

जो आस्थाएँ (वास्तव में इन्हें 'भावनात्मक लगाव' की संज्ञा देनी चाहिए) हमें अपने परिवार, समूह, वर्ग अथवा संप्रदाय से जुड़ने के परिणामस्वरूप प्राप्त होती हैं, उनसे वही खतरा रहता है, जो विशेष प्रकार की कट्टरता से होता है। यहाँ उन आस्थाओं की चर्चा नहीं की जा रही है। वास्तव में धर्म ने अपने सही अर्थों में यही काम तो किया है। संसार के सभी मनीषियों ने अपने-अपने ढंग से जीवन-मूल्यों का विकास किया है। और यदि वे जीवन-मूल्य आज की परिस्थितियों में भी उपयोगी हैं तो फिर इस विषय पर

नई किताब लिखने से बेहतर है कि संबद्ध पुरानी पुस्तकों को ही जनसामान्य को सुलभ कराया जाए। परंतु मेरा अनुभव और उससे उपजी मान्यता है कि हमारे मनीषियों द्वारा विकसित जीवनमूल्य औद्योगीकरण के पहले तक सही थे। लेकिन औद्योगीकरण ने सामाजिक जीवन की काया पलट दी है। जिंदगी की जरूरतें बदल गई हैं। जीवनयापन का ढंग बदल गया है। आज आदमी पहले की तरह यदि अपने परिवार, अपने समूह, अपने धर्म, अपने संप्रदाय आदि पर गर्व करता है (जो कि व्यावहारिक रूप से संभव नहीं है) तो वह बदली हुई परिस्थितियों से जन्मी आवश्यकताओं की अनदेखी करेगा। अंततः उसका यह व्यवहार उसकी निजी और सामाजिक शांति को भंग करेगा। यानी वह स्वयं तो तनाव में रहेगा ही, साथ ही तनावपूर्ण वातावरण का निर्माण भी करेगा। अब यदि वह इस सबसे दूर रहकर कुछ योगदान करना चाहता है तो उसकी नियति मात्र अँधेरे में हाथ-पैर मारने वाली रह जाती है, क्योंकि उसके पास बदली हुई परिस्थितियों के अनुरूप जीवन-मूल्य नहीं हैं। दरअसल, यह पुस्तक उस अंतराल को भरने का प्रयास-मात्र है। यदि स्पष्ट शब्दों में कहूँ तो मैं उनको जीवनमूल्य देना चाहता हूँ, जो स्वयं को जिंदगी के अनुरूप बनाना चाहते हैं।

अब इससे तो तुम इनकार कर ही नहीं सकते कि स्पर्धा और ईर्ष्या की आपाधापी में आदमी कितना अकेला हो गया है। जब औद्योगिक विकास का पहिया पीछे घूम नहीं सकता, ऐसे में यदि कोई समूह, समाज अथवा देश अपनी जिद में अपनी जड़ों से चिपटने की कोशिश करेगा तो विश्व के एकीकरण और विकास का घूमता पहिया भले ही उसे बख्श दे, लेकिन भूख, बेरोजगारी, गरीबी आदि उसे नरक का जीवन जीने के लिए मजबूर कर देंगे। ऐसे में हमारी भलाई इसी में है कि समय के साथ चलें।

इसलिए यहाँ उन आस्थाओं की बात की जा रही है, जो हमें सहज भाव से भविष्य के बारे में संतुलित अनुमान लगाने में सहायता करती हैं।

दूसरे, तुम्हारी शंका से मुझे ऐसा लगा मानो तर्क करना तुम्हारा स्वभाव बन गया है। तर्क करना बहुत अच्छा है, यदि इसकी सहायता से तुम सत्य को आत्मसात् कर पाते हो। तर्क करना एक अच्छी बात है, यदि इसकी मदद से

कुछ सीखा जा सके, कुछ समझा जा सके। तर्क करना बेहद खतरनाक है, यदि इसको तुमने सामने वाले को निहत्था करने के लिए इस्तेमाल करना शुरू कर दिया है। संभवतः तुमने सांप्रदायिक दंगों से तंग आकर आस्थाओं को कट्टरता का पर्याय समझ लिया था। इसीलिए यह शंका प्रस्तुत की।

चलो, मैं तुम्हारी ओर से प्रश्न करता हूँ। आधुनिक संदर्भों में आस्थाओं को कैसे समझा जा सकता है?

वैसे तो अपने जन्म के पहले से ही तुमने जानना शुरू कर दिया था। जन्म के बाद तुम्हें एक पहचान मिली। उस समय संपर्क में आने वाले सभी व्यक्तियों ने, विशेष रूप से तुम्हारे परिवार के सदस्यों ने, और उसमें भी विशेष रूप से तुम्हारी माँ ने तुम्हें एक पहचान दी। उस पहचान से तुम्हारा परिचय कराया।

फिर होश सँभालने के साथ तुम्हारी स्वयं की तलाश शुरू हुई। तुमने अपनी क्षमताओं को पहचाना, अपनी सामर्थ्य पर भरोसा किया, अपनी कुशलताओं को माँजा-सँवारा, अपनी दक्षताओं का विकास किया।

यह स्वयं की पहचान की प्रक्रिया जब क्षमताओं को सामर्थ्य में बदलती है और उन्हें कौशल बनाकर प्रस्तुत करती है, तो इसके साथ एक अन्य प्रक्रिया भी चलती है और वह है अपने-आप में भरोसा करना।

वास्तव में स्वयं की पहचान, उस पहचान को लगातार धारदार बनाने और उस धारदारी का जो परिणाम होता है, उसमें भरोसा ही हमारी आस्थाओं को जन्म देता है। अब क्योंकि हमारे भीतर (जैव-रासायनिक दृष्टि से) और बाहर (जगत् की परिवर्तनशीलता की दृष्टि से) लगातार परिवर्तन हो रहा है, इसलिए हमें हर क्षण स्वयं को जानना है। अर्थात् स्वयं की पहचान एक-दो घंटे की प्रक्रिया न होकर पूरे जीवन की साधना है। यही कारण है कि आस्थाएँ कभी भी मूर्त नहीं होतीं।

इस भेद को तुम पूरी तरह से आत्मसात् कर लो। जब तक हमारा स्वयं में भरोसा अमूर्त और गतिशील रहता है, तभी तक वह आस्थाओं का आधार रहता है। जहाँ हमारी स्वयं की तलाश में अवरोध आया, वहीं गतिशीलता जड़ होने लगती है और भरोसा मूर्त कट्टरता में बदलने लगता है।

आपके ढंग से तो लगता है कि हमारी कट्टरता भविष्य में होने वाली घटनाओं के बारे में सही-सही अनुमान लगाने में मदद नहीं करती?

हाँ, तुम्हारा अनुमान बिलकुल सही है। वास्तव में जो कट्टर है, वह 'विशफुल थिंकर' (मन से थोपने वाला) भी है। इसलिए वह सही अनुमान नहीं लगाया करता। ऐसे में प्रश्न उठता है कि जो सही अनुमान नहीं लगाता, वह सफल भी नहीं होता। जो सफल नहीं होता, उसे समाज मान्यता नहीं देता। फिर जो कट्टरवादी हैं, वे समाज को अपने ढंग से कैसे चला पाते हैं?

अच्छा प्रश्न है। यह संसार वैयक्तिक भिन्नताओं का खजाना है। तुम्हारे तर्क में तो दम है, लेकिन उस सत्य का क्या किया जाए, जिसने अन्य कारणों से कुछ लोगों को शक्ति का पुंज बना दिया है। यह जो धन की शक्ति है, यह सारे दुर्गुणों को ढक लेती है। जो धन के अंबार पर बैठे हैं, वे अपनी असफलताओं को सह सकते हैं। अब क्योंकि कट्टर हैं, इसलिए शत्रु अपनी आक्रामकता को धारदार बनाने के लिए उन्हें इस्तेमाल करते हैं। इसलिए एक ओर तो उनके गिर्द धन का अंबार बढ़ता रहता है, दूसरी ओर वे उन लोगों को उस धन से ललचाते रहते हैं, जो अपने भविष्य को लेकर चिंतित हैं। जो सफलता के चलते धन का अर्जन करते हैं, वे वास्तव में तो आस्थाओं का जीवन जीते हैं, लेकिन सामाजिक जीवन में शोषण को स्वीकार करके अभावों में जीने वालों को कट्टरता के नाम पर गुमराह करते हैं। यही वे लोग हैं, जो दोमुँहा जीवन जीते हैं।

एक तीसरी श्रेणी के लोग भी हैं, जिन्हें कट्टरता का पाठ अपने जन्म के साथ ही घुट्टी में मिला। परिणामस्वरूप वे जीते तो अभावों से भरा जीवन हैं, लेक़िन सामाजिक मान्यताओं के चलते और अपनी सीमित दुनिया में रहते कट्टरता का पूरा पालन करते हैं; जैसे–कर्मकांडी ब्राह्मण अथवा मुल्ला जी अथवा कोई और। यूँ तो ये लोग स्वयं जिंदा रहने के लिए अथवा अपनी तात्कालिक सुविधाओं के लिए दूसरों को ललचाते हैं, उन्हें ठगते हैं, परंतु शोषण तभी करते हैं जब सामूहिक स्तर पर जेहाद का नारा लगता है।

क्या आस्थाओं की इस व्याख्या से ऐसा नहीं लगता कि हम लौट-फिर कर संयम की चर्चा कर रहे हैं?

बात तो तुम्हारी ठीक है। हो सकता है कि लिखते समय हम आस्थाओं और संयम को अलग-अलग बता सकें, लेकिन जिंदगी में ऐसा बिलकुल संभव नहीं है। उदाहरण के लिए जो संयम को अपने आचरण में नहीं उतार पाता, निश्चित मानो, वह आस्थाओं का जीवन तो जी ही नहीं सकता।

ऐसे में, मैं तुम्हारी ओर से शंका प्रस्तुत करता हूँ कि *यदि संयम इतना महत्त्वपूर्ण है तो फिर आस्थाओं को अलग से प्रस्तुत क्यों किया गया?*

निश्चित रूप से, यदि मैंने 'व्यक्तित्व-मनोविज्ञान' न पढ़ा होता, तो आस्थाओं को इतनी बारीकी से न तो मैं समझ पाता और न ही यहाँ पर उनको प्रस्तुत करता। एक जिज्ञासु के रूप में मैंने व्यक्तित्व-मनोविज्ञान को पढ़ा है। एक शोधक के रूप में मैंने भारतीय समाज को व्यक्तित्व-मापी परीक्षणों की सहायता से समझने की कोशिश की है। एक सलाहकार मनोवैज्ञानिक के रूप में मैंने सीखे हुए का अभ्यास किया है। और एक औद्योगिक मनोवैज्ञानिक के रूप में व्यावहारिक स्तर पर परिणामों की दृष्टि से स्वयं को, अपने ज्ञान को और अपनी सामर्थ्य को जाँचा-परखा है। मुझे तो भीतर से लगता है कि यदि इतना सब कुछ पाकर भी मैं समाज को वर्तमान (औद्योगिक परिवर्तनों) के अनुरूप, नए जीवनमूल्य नहीं दे सकता तो लानत है मेरे होने पर।

यह जो हमारा 'होना' है, इस पर विश्वास करने से ही आस्थाएँ परिपक्व होती हैं। खैर, यह एक निजी व्याख्या थी।

संयम और आस्थाओं के भेद को तुम इस प्रकार समझो। संयम जीवन की सहजता का मूल मंत्र है और जीवन की सहजता आस्थाओं की जन्मभूमि है। अब क्योंकि आस्थाओं के मंदिर की नींव संयम पर टिकी है, इसलिए कई बार दोनों के बीच में अंतर करना खास तौर से तब मुश्किल हो जाता है, जब हमें आत्म-विश्लेषण की पद्धति न आती हो। इसके साथ ही यह भी सही है कि जब हम अपने भीतर चलने वाले घटनाक्रम को वस्तुगत तरीके से देखने में समर्थ होते हैं, तब हम संयम और आस्थाओं के भेद को समझने लगते हैं।

आपकी बातों से तो लगता है कि समाज कभी भी कट्टरता के शिकंजे से बाहर नहीं निकलेगा, क्योंकि समाज के अधिकांश सदस्य आपकी तरह बुद्धिजीवी तो नहीं होते।

ठीक बात है। सबको बुद्धिजीवी होना भी नहीं चाहिए। इसके साथ यह भी सही है कि आम आदमी समाज की मान्यताओं, परंपराओं आदि का पालन करता है। संभवतः यह उसकी समाज से जुड़े रहने की भावना है, जिसके कारण वह सही-गलत, उचित-अनुचित जैसे व्यवहार के मानदंडों का कड़ाई से पालन करता है। कहना चाहिए कि समाज की सामर्थ्य ही हमें व्यापक संदर्भ देती है। हमारा यह संदर्भ जितना अधिक अर्थपूर्ण होता है, हमारा जीवन उतना ही समर्थ, क्षमतावान् और आनंदमय होता है। हम समाज को अपने स्तर पर शक्तिशाली बनाते हैं तो मात्र इसलिए कि हमें सुख प्रिय है।

बुद्धिजीवी होना हमारी व्यक्तिगत भिन्नताओं पर भी निर्भर करता है। अर्थात् हरेक के लिए संभव नहीं है कि वह बुद्धिजीवी हो। लेकिन सुखी सभी रहना चाहते हैं। ऐसे में, अगर आम आदमी अपने-आपसे यह प्रश्न करे कि क्या उसकी कट्टरता समाज (मानव-जाति) को समर्थ बना रही है? तुम कहोगे कि आम आदमी को इतनी फुर्सत कहाँ है कि वह सारी मानव-जाति के बारे में सोचे। चलो! यह भी मान लिया। लेकिन तुम यह तो मानोगे कि सभी समाजों के सदस्य किसी-न-किसी रूप में धर्म से परिचित हैं, बल्कि धर्म के प्रति भावनात्मक लगाव भी रखते हैं। यही नहीं, वे भावनात्मक धरातल पर धर्म का पालन भी करते हैं और उससे जुड़े हुए भी हैं। यह तो तुम भी मानोगे कि आम आदमी धर्म से भावनात्मक धरातल पर जुड़ा है। हाँ यह बात दूसरी है कि वैज्ञानिक और तकनीकी विकास ने उसे धर्म के मामले में भी तर्क करने के लिए उकसाया है। लो, काम बन गया। वह कम-से-कम स्वयं से एक तर्क तो कर ही सकता है कि क्या धर्म मुझे जीवन और जगत् से जुड़े सत्य को जानने के लिए प्रेरित करता है?

यकीन मानो। कट्टरता आदमी की उत्सुकता को लीलकर उसे कुएँ का मेढक बनाती है। और आस्थाएँ? आस्थाएँ उसकी जिज्ञासा, उसकी उत्सुकता को धारदार बनाकर उसे व्यापक बनाती हैं।

यदि ऐसा है तो वह व्यापक क्यों नहीं हो जाता?

रोजी-रोटी से अगर उसे फुर्सत मिले तो यह भी संभव है। लेकिन जो शक्ति के पुंज हैं, वे अपनी महानता बरकरार रखने के लिए उसे निन्यानवे के

फेर से निकलने नहीं देना चाहते। इस मामले में औद्योगिक विकास उनके हितों की दृष्टि से खतरनाक है। इसी कारण से वे आम आदमी की कट्टरता को धारदार बनाते हैं। जब कट्टरता धारदार बनेगी, तब आदमी व्यापक कैसे होगा?

इसका अर्थ है कि आम आदमी के जीवन में आस्थाओं के लिए कोई जगह नहीं?

तुम ऐसा निष्कर्ष कैसे निकाल सकते हो? हाँ, आदमी को अपनी तलाश तो करनी ही पड़ेगी।

क्या मतलब?

उसे अपने-आपसे पूछना चाहिए या कहिए कि उसे अपने अनुभवों में खोजना चाहिए कि उसकी जिंदगी में ऐसा क्या है, जो बार-बार उसे कठिनाइयों को सुलझाने में मदद करता है?

व्यावहारिक दृष्टि से, ऐसा मददगार वस्तुगत रूप से भाग्य अथवा ईश्वर नहीं हो सकता। यह तो स्वयं को भरमाने वाले तथ्य हैं। जब आदमी ढूँढ़ेगा तो पाएगा कि उसकी कोई-न-कोई विशेषता है, जिसने उसकी कठिनाइयों में मदद की है। किसी के मामले में यह उसकी बौद्धिक सामर्थ्य हो सकती है, किसी के मामले में उसका यह धैर्य हो सकता है, किसी के मामले में कुछ और। बहरहाल, आदमी में कुछ-न-कुछ होता अवश्य है, जो उसे एक पहचान देता है। हमें उसी को खोजना है। इस खोज तक ही हमारी जिम्मेदारी समाप्त नहीं होती, बल्कि खोज के बाद हमें अपनी सामर्थ्य को अपने प्रयासों से बनाए भी रखना है और उसे धारदार भी बनाना है। इस सबका परिणाम होगा-आस्थाएँ।

सुनो! अब कोई तर्क मत करना। मेरी मानो तो इस सबका इसी समय से श्रीगणेश करो। अपनी तलाश करो। स्वयं को खोजो। अपनी क्षमता को समर्थ बनाओ और ऐसा कुछ करो कि तुम्हारी सामर्थ्य धारदार बनी रहे, ताकि तुम आस्थाओं से भरा जीवन जी सको।

❑❑

अपने कर्त्तव्य का पालन करें

मानवीय दृष्टि से यदि देखा जाए तो कहना पड़ेगा कि मानवता को सबसे अधिक नुकसान केवल धार्मिक कट्टरता से पहुँचा है। जब नुकसान की बात चलेगी तो मानना पड़ेगा कि नुकसान की भरपाई केवल आम आदमी को अथवा अभावों में जीने वालों को ही करनी पड़ती है। ऐसे में प्रश्न उठता है, धर्म की गाज जब भी गिरती है तो सिर्फ आम आदमी पर। जब धार्मिक होने की सजा बार-बार आम आदमी को भुगतनी होती है तो फिर क्यों नहीं वह धार्मिक कट्टरता के स्थान पर आस्थाओं का जीवन जीता? क्यों नहीं वह अपने अनुभवों से सीखता?

सचमुच तुम्हारी जिज्ञासा में दम है। इसका समाधान दो-चार शब्दों में संभव नहीं है। आदमी के तमाम व्यवहारों को तीन श्रेणियों में बाँटा जा सकता है–

एक–उत्तेजनाओं की संतुष्टि से संबंधित व्यवहार। जैसे तुम्हारे मन में कोई इच्छा उठे और तुम उसे पूरा करने का प्रयास करो।

दो–स्वयं को सुरक्षित रखने से संबंधित व्यवहार। जैसे कोई कुशल चित्रकार, कारीगर अथवा विशेषज्ञ अपनी कुशलता, योग्यता अथवा विशेषज्ञता को बनाए रखने के लिए प्रयास करे। जैसे हम स्वस्थ रहने के लिए पौष्टिक खाना खाते हैं, टहलते हैं, व्यायाम करते हैं, योगासनों का अभ्यास करते हैं, बीमार होने पर अपना इलाज कराते हैं। हमारे ऐसे ही सभी व्यवहार स्वयं को सुरक्षित रखने से संबंधित होते हैं।

तीन–अपनी जाति, समूह अथवा मानव-प्रजाति को सुरक्षित रखने से संबंधित व्यवहार। ये व्यवहार दो प्रकार के होते हैं– शारीरिक और सामाजिक। यौन व्यवहार, संभोग, गर्भाधान, शिशु-पालन आदि से संबंधित व्यवहार शारीरिक स्तर पर जाति, समूह एवं प्रजाति को सुरक्षित रखने से संबंधित व्यवहार हैं। अब यह तुम्हारे ऊपर निर्भर करता है कि तुम अपनी प्रजाति को सुरक्षित रखने के लिए पशुओं के समान व्यवहार करते हो अथवा प्रेम–आत्मिक प्रेम के माध्यम से शालीनतापूर्वक अपनी प्रजाति की रक्षा करते हो।

शारीरिक के समान ही सामाजिक धरातल पर भी हम अपने समूह, वर्ग, जाति, प्रजाति आदि को सुरक्षित रखते हैं। स्थूल रूप में इस प्रकार के व्यवहार को हम अनुरूपता व्यवहार (Conformity Behaviour) की संज्ञा देते हैं। जैसे अपने परिवार की परंपराओं का पालन करना, नैतिकता का जीवन जीना, सामाजिक मान्यताओं के अनुरूप आचरण करना। ये सब ऐसे व्यवहार हैं, जिनसे हम अपनी प्रजाति को सुरक्षित रखने व आगे बढ़ाने का प्रयास करते हैं।

इससे पहले कि तुम्हारी जिज्ञासा को शांत करूँ, मैं चाहूँगा कि तुम अपने दिमाग के घोड़े दौड़ाओ और यह जानने का प्रयास करो कि दीर्घ जीवन जीने वाले लोग कौन होते हैं? कौन चैन का जीवन जीता है?

है न चक्करदार पहेली के समान प्रश्न? चलो, यह मेरी गलती है कि मैं तुमसे टेढ़े प्रश्न पूछ बैठा। खैर, कोई बात नहीं, मैं तुम्हारी ओर से उत्तर देता हूँ।

हालाँकि प्रश्नों की संख्या दो है, लेकिन उत्तर एक ही है। लंबी अवधि वाला जीवन न तो पागल जीते हैं, न ही अपराधी जीते हैं और न ही बुद्धिमान जीते हैं। ये सभी अनुरूपता व्यवहार के मामले में रीते होते हैं। चूँकि आम आदमी ही इस दृष्टि से अपनी प्रजाति को सुरक्षित रखते हुए उसे आगे बढ़ाने का प्रयास करता है, इसलिए वही लंबी अवधि वाला जीवन जीता है। इसी प्रकार जो सामाजिक अपेक्षाओं को अनुरूपता व्यवहार की मदद से पूरा करता है, वही चैन का जीवन जीता है।

धर्म का कार्य भी कमोबेश प्रजाति को सुरक्षित रखने तथा उसे आगे

बढ़ाने का रहा है। इसलिए अपने सभी दोषों के बावजूद धर्म का पालन आदमी को चैन-भरा जीवन देता है। यदि तुम्हें इस बात में संदेह हो तो किसी ऐसे आदमी को ढूँढ़ो, जो अपराध-बोध और आत्मग्लानि का शिकार हो और अब चैन का जीवन जीना चाहता हो।

दरअसल, यह वह आदमी होगा, जो धर्म का पालन पूरी तन्मयता से करेगा। यह भी वही आदमी है, जिसकी तन्मयता को आसानी से धार्मिक कट्टरता में बदला जा सकता है।

पूछो क्यों?

हर वह आदमी, जो अपनी सामाजिक जिम्मेदारी को नहीं निबाहता, अपराध-बोध, आत्मग्लानि अथवा आत्महीनता का शिकार हो जाता है। ऐसे में उसे चैन तभी मिल सकता है, जब वह अपनी सामाजिक जिम्मेदारी को निबाहे। लेकिन वह निबाहे तो तब, जब उसे अपनी जिम्मेदारी का पता हो। दूसरी ओर उसे चैन की तलब पूरी शिद्दत के साथ होती है। उसकी यह तलब जाने-पहचाने रास्ते पर चल निकलती है, यानी वह धार्मिक हो जाता है। अब यह बात दूसरी है कि धर्म के पालन से उसे चैन तो नहीं मिलता, मगर चैन का चस्का अवश्य लग जाता है। यही वह चस्का है, जिसके चलते चैन (पूर्ण शांति) के नाम पर उसे धार्मिक रूप से कट्टर बनाया जा सकता है।

संभवतः यही वह कारण है, जिसके रहते आम आदमी लगातार घाटे में रहने के बावजूद धार्मिक कट्टरता को श्रद्धा से पोसता भी है और धार्मिक रूप से कट्टर लोगों को अपने सिर पर बिठाता भी है।

यह जो हमारा अनुरूपता व्यवहार है, इसका मुख्य काम हमें आत्मविकास प्रदान करना है।

पूछो कैसे?

थोड़ा आत्मनिरीक्षण करो! अपने-आपसे प्रश्न करो! जब तुम अपने कर्त्तव्य अर्थात् परीक्षा की तैयारी पूरी तरह से करते हो, तब तुम्हारे भीतर परीक्षाओं के समय आत्मविश्वास की मात्रा कैसी रहती है? तुम्हारा उत्तर होगा–'मुझे परीक्षाओं को लेकर डर बिलकुल नहीं लगता।' तुम्हें लगता है कि

प्रश्न कहीं से भी, कैसा भी और किसी भी रूप में आ जाए—तुम उत्तर देने में सक्षम हो। अब सोचो, यदि तुमने अपने कर्त्तव्य का पालन पूरी तरह से किया है, तो तुम भविष्य को लेकर कितने आश्वस्त रहते हो। तुम्हारा यह आश्वस्त होना ही तो तुम्हारा आत्मविकास है।

यह तब की बात है, जब मामला पढ़ाई का हो। कम-से-कम तुम्हें मालूम है कि तुम्हारा कर्त्तव्य क्या है? लेकिन जिसने अपनी पढ़ाई ठीक से नहीं की है उसका क्या?

महत्त्वपूर्ण प्रश्नों से लेकर गैस-पेपर्स तक, गैस-पेपर्स से नकल तक, नकल से नंबर बढ़वाने तक और कुछ नहीं तो परीक्षा-आतंक तक कुछ भी हो सकता है। इन-सबमें जो कमी रह जाती है, उसको वे लोग पूजा-पाठ के माध्यम से पूरा करते हैं।

यह तो तब की बात है, जब छात्रों को अपने कर्त्तव्य का पता है। लेकिन आम आदमी? उसे तो किसी परीक्षा को देना नहीं होता। साथ ही यह भी सही है कि वह हर घड़ी किसी-न-किसी परीक्षा से गुजर रहा होता है, मगर परीक्षा का स्वरूप हमेशा स्पष्ट नहीं होता। ऐसे में वह अपने कर्त्तव्यों के बारे में अक्सर द्वंद्व में रहता है। अब जिसे कर्त्तव्यों का स्पष्ट रूप से पता ही नहीं है, क्या ऐसे में वह उनको निबाहने के लिए तैयारी करेगा? जब तैयारी ही नहीं है तो फिर भविष्य के प्रति आश्वस्त रहने की संभावना भी नहीं है। जो आश्वस्त नहीं है, वह पूरे विश्वास के साथ समस्या को हाथ में ले ही नहीं सकता।

जबकि सफलता सभी के लिए आवश्यक है, ऐसे में वह उन तरीकों को अपनाएगा, जिन्हें समाज ने दूसरे दर्जे की मान्यता दे रखी है। अर्थात् वह सभी तिकड़में भी लगाएगा, साथ में मनौतियाँ भी मानेगा। अगर काम बन गया तब भी और न बना तब भी। दोनों ही स्थितियों में मनौतियों वाली प्रक्रिया को शक्तिशाली होना ही है।

अर्थात् आपके अनुसार आम आदमी के जीवन में धार्मिक कट्टरता के अलावा आस्थाओं को कोई स्थान नहीं?

हाँ, यदि मुझसे पूछा गया है तो। यदि हमारे बुद्धिजीवी इसी तरह से

शक्ति के पीछे भागते रहे, यदि प्रजातंत्र में वोटों की राजनीति ऐसे ही होती रही, तो यकीन मानो, औद्योगिक विकास की तुलना में धार्मिक कट्टरता गुणात्मक रूप से आगे बढ़ेगी।

स्थिति बहुत ही निराशाजनक है। क्या वास्तव में कुछ नहीं हो सकता?

हो क्यों नहीं सकता। एक समय था, जब हमारे बुद्धिजीवी प्रशासकीय सेवाओं में जाना पसंद करते थे। इसके बाद सरकारी उपक्रमों ने उन्हें आकर्षक वेतनमानों और तरक्की के अधिक अवसर देकर आकर्षित किया। फिर हमारे बुद्धिजीवी सरकारी उद्योगों की ओर आकर्षित हुए। आजकल निजी उद्योगों ने उनकी महत्त्वाकांक्षाओं को सहलाना शुरू कर दिया है।

दरअसल, प्रबंधकीय कार्यों में अति बौद्धिकता का उपयोग योग्यता को जंग लगाना है। वास्तव में अतिबौद्धिकता का इस्तेमाल या तो अनुसंधान और विकास की प्रक्रियाओं के लिए किया जाना चाहिए या फिर सुकुमार मस्तिष्कों के विकास के लिए किया जाना चाहिए।

आपका मंतव्य है कि जिनके पास पर्याप्त बुद्धि है, उन्हें आकर्षित करने के लिए समाज एवं सरकार प्राइमरी कक्षाओं के अध्यापकों को वेतन के मामले में वह सब कुछ दे, जो निजी उद्योग अपने प्रबंधकों को देते हैं।

लेकिन वे तो तरक्की भी देते हैं?

क्योंकि प्राइमरी स्तर पर अध्यापक को तरक्की नहीं दी जा सकती, इसलिए इस व्यवसाय में केवल वे ही आएँगे जो बाँटना चाहते हैं, अर्थात् बुद्धिजीवी हैं।

तुम्हारा प्रश्न हो सकता है कि आखिर इस कवायद की जरूरत क्या है कि आप प्राइमरी स्तर के अध्यापकों को महत्त्व दिए चले जा रहे हैं?

व्यापार का नियम है कि महत्त्व उसे दिया जाता है, जिसके माध्यम से अर्जित किया जा सके। यहाँ मैं उन दुकानदारों की बात नहीं कर रहा हूँ, जो 'शुभ' और 'लाभ' में तो भरोसा रखते हैं, मगर अपनी दुकान को चमकाए रखने में पैसा खर्च करना, जिनको घाटे का सौदा लगता है। वास्तव में तो जो सही अर्थों में उद्यमी है, जो व्यापार की नब्ज जानता है, वही शोध और

विकास पर पूरा ध्यान देता है।

हाँ, हमारा समाज उस चूहे की तरह है, जिसे कहीं से कपड़े की कतरन मिल गई और वह दूसरे चूहों के लिए कपड़े का व्यापारी बन बैठा। संभवत: हमारी इसी मानसिकता के चलते तुमने प्रश्न पूछ डाला।

काश! हमने आरक्षण की बैसाखियाँ देने के स्थान पर यदि प्राइमरी कक्षाओं के शिक्षण-पाठन के लिए वास्तविक बुद्धिजीवियों को आकर्षित किया होता तो स्वतंत्रता-प्राप्ति के बाद कम-से-कम हमारे सामने नौजवानों की ऐसी दूसरी पीढ़ी आ गई होती, जिसने समाज को गति दी होती, उसे सामर्थ्य दी होती और मानवतावादी दृष्टि दी होती।

शायद आपकी स्थिति उस व्यक्ति की तरह है, जो दूसरों से कहता है– सत्य के संपर्क में रहो, सत्य का जीवन जिओ, और स्वयं हवाओं में रहता है। वास्तविकता यह है कि हमारे देश के पास सबसे अधिक (दुनिया में दूसरे नंबर पर) वैज्ञानिक और इंजीनियर हैं। विदेशों में हमारे वैज्ञानिक और इंजीनियर अंतर्राष्ट्रीय स्तर की ख्याति अर्जित कर रहे हैं। यदि हमारी योजनाएँ सही दिशा में न होतीं तो क्या हम इतने सक्षम वैज्ञानिकों एवं इंजीनियरों को तैयार कर पाते?

हम अपने मुद्दे से बहक गए हैं। फिर भी तुम्हारी जानकारी के लिए बता दूँ कि हमारे देश में इंजीनियर या तो प्रबंधकीय कार्यों से जुड़े हैं या फिर वे आपरेटर अथवा मैकेनिक का काम करते हैं। शायद ही कोई इंजीनियर हो, जो इंजीनियरिंग से जुड़ा हो। मेरे विचार से तो यह करदाताओं के धन का दुरुपयोग है।

यदि तुम्हारी ही बात को मान लें, तो हमारे देश ने तकनीकी क्षेत्र में उन्नति की है। और दूसरी ओर सांप्रदायिकता, समूहों की अपनी पहचान को लेकर की जाने वाली आतंकवादी घटनाएँ? अब तुम यह भी मान लो कि हमने इस दिशा में और भी ज्यादा तरक्की की है। अर्थात् भारतीय समाज व्यक्तित्व-भंग (Split Personality) के लक्षणों से ग्रस्त होता जा रहा है। यही है हमारी नियति। हो सकता है, वर्तमान परिस्थितियों में व्यक्ति-विशेष लाभान्वित हो जाए। लेकिन हमारा समाज? क्या उसे शक्तिशाली बनाने की जिम्मेदारी हमारी

नहीं? माफ करना, भारतीय समाज और भारत-सरकार दो अलग-अलग वास्तविकताएँ हैं। सरकार को कर-उगाही और पुलिस एवं सेना की मदद से शक्तिशाली बनाया जा सकता है। सभी सरकारी एजेंसियाँ इसी दिशा में काम भी करती हैं। लेकिन समाज को शक्तिसंपन्न बनाने के लिए सदस्यों में कर्त्तव्यबोध की भावना भरना आवश्यक है।

कौन भरेगा?

वही, जो जीवन और समाज के यथार्थ को समझता है। जो जानता है, वह उसको लोगों में प्रसारित तो कर सकता है, लेकिन उनसे उन जीवन-मूल्यों का पालन नहीं करवा सकता। अपवादों से नियम नहीं बनते। मगर हमने बुद्धिवालों को प्रशासक बना दिया, प्रबंधक बना दिया। काश! उन्हें बुद्धिजीवी बनाकर उनसे सत्य का प्रसारण करवाया जाता तो शायद हमारा समाज व्यक्तित्व-भंग के लक्षणों की ओर आगे न बढ़ता।

पूछो कैसे?

हमारे जीवन-मूल्यों की जड़ में हमारे प्रारंभिक शिक्षकों (कोई जरूरी नहीं है कि वे व्यवसाय से भी शिक्षक ही हों) का प्रभाव रहता है। सरकार के हाथ में यह तो नहीं है कि वह समाज-कल्याण के नाम पर लोगों की वल्दियत बदल दे। हाँ, यह उसके हाथ में है कि वह बाल-मन के विकास के लिए बुद्धिजीवियों को तैयार करे। आदमी यदि बुद्धिमान है तो वह लाभ का सौदा करता है। अब कोई भी बुद्धिमान व्यक्ति ऐसा काम (व्यवसाय के रूप में) क्यों करेगा, जिसकी न समाज में मान्यता है और न ही जो जीवनयापन को सहज बना सकता है। यह जिम्मेदारी तो सरकार की है कि वह समाज को शक्तिशाली बनाने के लिए सही लोगों को सही कामों के लिए आकर्षित करे। और यह तभी संभव है, जब समाज को शक्तिसंपन्न करने वाले व्यवसायों (जिनका वर्तमान में लाभ की दृष्टि से मूल्यांकन नगण्य है) को सरकार आकर्षक बनाए। उदाहरण के लिए, प्राइमरी स्कूल के अध्यापक को लिया जा सकता है, जो अर्जित ज्ञान से संपन्न नहीं है, जिसकी समाज में कोई स्थिति नहीं है और जो अपने जीवनयापन के लिए ट्यूशनों पर निर्भर करता है। जो स्वयं में असफल है, वह यथार्थ के संपर्क में तो हो ही नहीं

सकता। जिसका यथार्थ से संपर्क नहीं है, वह अपने छात्रों को ऐसे जीवन-मूल्यों से कैसे संपन्न कर सकता है, जिनकी सहायता से वे एक नागरिक के रूप में जीवन और समाज की आवश्यकताओं के अनुरूप अपने कर्त्तव्यों को निर्धारित कर सकें? जिसे कर्त्तव्यों का नहीं पता, वह पालन किसका करेगा?

जब कर्त्तव्य-बोध और कर्त्तव्य-पालन ही नहीं है तो फिर भविष्य की घटनाओं को लेकर आत्मविश्वास कहाँ से आएगा?

खैर! यह तो थी आत्मविकास से संबंधित सामाजिक दृष्टि।

यदि तुम लक्ष्य, संयम, आस्थाएँ आदि से संबंधित सामग्री को मन-ही-मन दोहराओ तो पाओगे-

तुम्हारा लक्ष्य तुमसे अपेक्षा करता है कि तुम अपनी समस्त शक्तियों को उसे प्राप्त करने में इस्तेमाल करो। लक्ष्य जीवन का होता है और जीवन का कोई-न-कोई संदर्भ होता है। लक्ष्य की महानता संदर्भ की व्यापकता से जुड़ी है। दिन-प्रतिदिन के व्यवहार में अपने लक्ष्य के प्रति समर्पण हमारी स्पष्टता के माध्यम से प्रदर्शित होता है। लक्ष्य जितना सीमित व संकुचित होगा, हमारा आचरण उतना ही अस्पष्ट होगा। लक्ष्य जितना महान् होगा, हमारा आचरण उतना ही निश्छल, सहज और स्पष्ट होगा।

संयम के चलते हम सत्य के संपर्क में रहते हैं। उसके प्रति हमारे मन में स्वीकारोक्ति का भाव रहता है। अर्थात् हम दूसरों को मन से स्वीकार करते हैं और सत्य के अनुरूप ही जीवन जीते हैं। कह सकते हैं कि लक्ष्य हमारी शक्तियों को इस प्रकार साधता है कि हम सामाजिक संदर्भों में योगदान करते हैं। संयम हमें वर्तमान से जोड़कर जीवन और जगत् के विरोधाभासों को सहन करने की सामर्थ्य प्रदान करता है।

और, आस्थाएँ हमें आत्मबल प्रदान करती हैं। सचमुच यह हमारे आत्मबल का प्रताप ही है कि भविष्य हमें सुखद लगता है और जगत् सहयोगी।

इसी क्रम में, हमारा आत्मविकास कैसी भी परिस्थितियों से निपटने के लिए साहस प्रदान करता है, बशर्ते कि हमने कर्त्तव्य-पालन सीख लिया हो।

अब यदि तुम आत्मविकास की प्रक्रिया का विवेचन करो तो अभी तक की व्याख्या के अनुसार, यह हमें सामाजिक संदर्भों में अपने 'होने' को अर्थपूर्ण बनाने के लिए तो उकसाती ही है, साथ में भविष्य का पूरी समग्रता के साथ सामना करने के मामले में भी हमें तैयार करती है।

यह कोई काल्पनिक प्रक्रिया नहीं है। इसे आध्यात्मिक कहकर नकारा नहीं जा सकता। यह तुमसे अपेक्षा करती है कि तुम, अपने समूह, वर्ग, समाज अथवा विश्व में अपना स्थान निर्धारित करो। निश्चित करो कि तुम किस रूप में जाने (पहचाने) जाना चाहते हो, उस रूप के अनुरूप सोचो, सपने देखो, आचरण करो। तुम्हारी सोच, तुम्हारे सपने, और तुम्हारा आचरण लक्ष्योन्मुखी होते हुए भी वर्तमान के संपर्क में रहे। विरोधाभासों और दूसरों के (तुम्हारे लक्ष्य के विरोधी) आचरण तुम्हें तनावग्रस्त न बना सकें, इसीलिए संयम (सत्य का संपर्क, सत्य की स्वीकारोक्ति और सत्य का जीवन) तुम्हें धैर्यवान् बनाता है।

यह तुम्हारा संयम ही है, जो तुम्हें अंततोगत्वा भविष्य के संदर्भों में आस्थावान् बनाता है। अर्थात् भविष्य तुम्हें डराता नहीं है, बल्कि तुम्हें अनुभव होता है कि भविष्य तुम्हें स्वयं को समझने, स्थापित करने और प्रमाणित करने में सहायक होगा।

अब यदि तुम वर्तमान के संदर्भ में अपने कर्त्तव्यों का पालन भी करते हो, तो निश्चित मानो, तुम्हारा कर्त्तव्य-पालन तुम्हें आत्मविकास के रूप में ऐसी ऊर्जा प्रदान करता है कि तुम सभी प्रकार की परिस्थितियों का सामना कर सकते हो।

आपकी बात का यह भी अर्थ लगाया जा सकता है कि जो अत्याधिक आत्मविश्वास वाले होते हैं, वे भविष्य का सामना करने में और भी ज़्यादा सफल होते होंगे?

जो यथार्थ के अनुरूप कर्त्तव्य का पालन नहीं करते, वे या तो आत्महीनता, आत्मग्लानि, अपराध-बोध या फिर अत्यधिक आत्मविश्वास के शिकार होते हैं। यह सही है कि आत्मग्लानि अथवा अपराध-बोध के शिकार न तो चैन से रहते हैं और न ही अपने भविष्य के प्रति आश्वस्त होते हैं।

कहना चाहिए, इनको भविष्य आतंकित करता है। दूसरी ओर, अत्यधिक आत्मविश्वास वाले लोग ऐसी किसी परेशानी को तो महसूस नहीं करते, परंतु इनका भविष्य उत्साहजनक लगते हुए भी इनके द्वारा उसका सामना प्रभावपूर्ण नहीं होता।

सचमुच जो जीवन और जगत् के यथार्थ को नहीं जानता, वह अपने कर्त्तव्यों का निर्धारण कैसे करेगा? जिसे पता ही नहीं कि कर्त्तव्य क्या है, वह कर्त्तव्य का पालन कैसे करेगा? यदि वह समाज की, समाज के यथार्थ की उपेक्षा करेगा तो फिर आत्महीनता का शिकार बनकर भविष्य से डरेगा; सामाजिकता के विरुद्ध काम करके आत्मग्लानि और अपराध-बोध का शिकार बनेगा। वास्तव में ऐसे लोगों को ही अपनी सुरक्षा के लिए फौज और तोप दोनों की दरकार होती है। और यदि वह लकीर का फकीर बन गया तो उसे कट्टरता के साथ-साथ अत्यधिक आत्मविश्वास इनाम में मिलता है।

क्या आप यह कहना चाहते हैं कि हमारे बागी नौजवान साथी, जो सरकार और व्यवस्था के खिलाफ हथियार उठाए हुए हैं, वे गलत हैं?

हाँ, मैं कह तो यही रहा हूँ। अब क्योंकि लोकतंत्र में ऐसे व्यवहार को राजनीतिक मान्यता मिली होती है, इसलिए इस सच्चाई को सुनेगा कौन?

आप जानते हैं न? आप क्या कह रहे हैं?

हाँ, पूरी तरह से। मेरे मत में व्यवस्था और सरकार का दोष यह है कि उसने ऐसी परिस्थितियाँ पैदा नहीं कीं कि लोग, विशेष रूप से नौजवान अपने कर्त्तव्य को समझ पाते। लेकिन इसका मतलब यह कहाँ से हो गया कि बंदूक लो और अपने आक्रोश को प्रदर्शित करने के लिए दो-चार असहायों को मार दो? यह समस्या का हल नहीं है। हाँ, इसको राजनीतिक शक्ति को अर्जित करने का साधन अवश्य माना जा सकता है।

जानते हो हमारे नेता जनता के द्वारा चुने जाते हैं। जो जनता उन्हें चुनती है, उसी जनता से सुरक्षा के लिए उन्हें फौज और तोप की जरूरत पड़ती है। इससे बड़ा मजाक अगर और कहीं भी हो सकता है तो मुझे नहीं मालूम।

जो मजाक है, वही वास्तविकता है। अर्थात् समाज का वह प्रतिनिधित्व

करता है, जिसे समाज से डर लगता है। हो सकता है, दूसरों के समान तुम इसे व्यावहारिकता मानो। मगर मेरे लिए इस प्रकार की घटनाएँ हमारी सामाजिक शक्ति को नुकसान पहुँचाती हैं।

एक काम करो। चाहे प्रयोग के तौर पर ही सही, कुछ समय तक अपने कर्त्तव्य को पहचानकर उसका पालन करो। यदि तुम्हें लगे कि तुममें आत्मविश्वास का विकास हो रहा है तो अभ्यास को चालू रखना। हाँ, एक सलाह है कि अपने कर्त्तव्य का पालन पूरी आस्था के साथ करना।

❑❑

आत्मसंतोष : सुखद भविष्य का पैगाम

ये चमन यूँ ही रहेगा, और हजारहा जानवर
सब अपनी-अपनी बोलियाँ बोलकर उड़ जाएँगे

आखिरी मुगल बादशाह बहादुरशाह जफर ने आप-जैसे आदर्शवादियों की पोल खोलकर रख दी। वास्तव में सारा लक्ष्य, सारा संयम, सारी आस्थाएँ और सारा आत्मविश्वास एक तरफ धरा रह जाता है, जब हमारे भीतर से उत्तेजना की लहर उठती है। होता रहे बाद में कुछ भी, मगर एक बार तो हमारी उत्तेजना सब कुछ जलाकर राख कर देती है। आप दुनिया का कोई-सा ग्रंथ उठाकर देख लीजिए, उसमें शैतान को सार्वभौमिकता प्राप्त होगी। फिर क्यों उत्तेजना (इच्छा) के खिलाफ मारामारी? दरअसल, देखा जाए तो आपने पूरी पुस्तक में आत्मविकास के नाम पर हमारी इच्छाओं पर ही अंकुश लगाने की कोशिश की है!

ठीक बात है। लेकिन यदि तुमने संयम से संबंधित सामग्री ध्यानपूर्वक पढ़ी है तो ध्यान दिया होगा कि कहीं भी नियंत्रण अथवा दमन का समर्थन नहीं किया गया है। फिर तुम्हें इस बात से इनकार क्यों है कि स्थाई सहजता के लिए थोड़ी-सी असहजता को भी स्वीकार करना पड़ता है।

रहा प्रश्न यह कि मानवता के अथाह समुद्र में तुम्हारे प्रयास लगभग नगण्य हैं। वास्तव में यह आशंका ही दार्शनिक पुट लिए हुए है। अक्सर लोग अपने तर्क के समर्थन में ऐसे उदाहरण प्रस्तुत करते हैं कि आपको लगता है मानो संसार में सब कुछ गलत हो रहा है और एक अकेला चना बेचारा क्या

भाड़ फोड़ेगा!

पहली बात तो यह कि आत्मविकास को समाज-कल्याण का पर्याय न समझा जाए।

दूसरी बात यह कि जीवन को अर्थपूर्ण बनाने संबंधी प्रयासों को आत्मविकास की श्रेणी में रखा जा सकता है।

तीसरे, ये प्रयास हमें गरिमापूर्ण जीवन के लिए तैयार करते हैं।

उपर्युक्त दृष्टि से तुम यह जानना चाहते हो कि इच्छाओं की उत्तेजना नैतिक है या नहीं?

जो स्वाभाविक है, उसे नैतिक और अनैतिक के पचड़े में मत उलझाओ। हमारी इच्छाओं की अनेक किस्में हो सकती हैं। जो इच्छाएँ जैविक तल से जुड़ी हैं, अक्सर उन इच्छाओं को नैतिकता के पैमाने से नापा जाता है। लेकिन आत्मविकास की दृष्टि से कहना पड़ेगा कि उत्तेजनाओं (इच्छाओं) को जीना हमारा अधिकार है। इनको जीवन के लिए उपयोगी बनाना हमारा कर्त्तव्य है।

ऐसे में तुम्हारा प्रश्न हो सकता है कि इच्छाओं को उपयोगी कौन बना सकता है? वह जो तुष्टि का जीवन जी रहा है अथवा वह, जो असंतुष्ट है?

तात्कालिक तौर पर दोनों ही अपनी इच्छाओं को उपयोगी बना सकते हैं, बशर्ते संतोष अथवा असंतोष उनके स्वभाव न बन गए हों। असंतुष्ट व्यक्ति 'रूटीन' के मामले में अधिक सफल रहते हैं, तो संतुष्ट व्यक्ति सृजनात्मकता की दृष्टि से अधिक सफल रहते हैं।

अर्थात् संतुष्ट व्यक्ति भौतिकता के मामले में अधिक प्रगति करते हैं?

वास्तव में भाषा की अपनी सीमा होती है। इस संदर्भ में हम एक विशेष तथ्य को भूल रहे हैं कि जो जीवन और जगत् के मामले में पूरी तरह से जागरूक है, उसका आत्मसंतोषी स्वभाव, सृजनात्मकता की दृष्टि से अपनी इच्छाओं का सदुपयोग कर पाता है।

परंतु जो जागरूकता की दृष्टि से कूपमंडूक है और संतोषी स्वभाव वाला है, वह अपनी इच्छाओं का मात्र दमन करता है। ऐसे में उसका असंतोष प्रगति का माध्यम बनता है।

कह सकते हैं कि जागरूकता को लेकर हमारी कूपमंडूक दृष्टि ने पूरे भारतीय समाज को पिछड़ा बना दिया है। अन्यथा संयम के चलते हमारा आत्मसंतोष विकास के नए आयाम प्रस्तुत करता।

ऐसा लगता है कि तुम मुझसे सहमत नहीं हो?

होना भी नहीं चाहिए। सही ढंग से यदि सोचा जाए तो मानना पड़ेगा कि लोग आत्मसंतोष को आत्मतृप्ति का पर्याय मान लेते हैं। अर्थात् विज्ञान का अध्ययन करने वाले जानते हैं कि चीनी पानी में घुल जाती है। लेकिन कितनी चीनी पानी में मिलाई जाए कि वह घुलना बंद कर दे? चीनी की घुलनशीलता का वह बिंदु, जिसके बाद वह पानी में घुलना बंद कर दे, रसायनशास्त्र की भाषा में संतृप्ति-बिंदु Saturation Point कहलाता है।

जब हम आत्मसंतोष के बारे में सोचते हैं तो हमारे मस्तिष्क में पानी के समान ही मन की वह स्थिति रहती है, जब उत्तेजनाएँ परी तरह से शांत हो जाती हैं। दार्शनिक रूप से मन की यह स्थिति तो तभी संभव है, जब वह मृत्यु को प्राप्त हो जाए। मतलब यह कि आदमी के जिंदा रहते ऐसा संभव नहीं है।

दूसरी ओर आत्मसंतोष हमारे मन अथवा स्वभाव की वह स्थिति है, जिसके चलते हम जीवन अथवा जगत् या फिर दोनों को आशापूर्ण ढंग से लेते हैं। हमारी सफलता हमें प्रेरणा देती है और हमारी असफलता हमें चुनौती देती है।

ऐसे में तुम्हारा प्रश्न हो सकता है कि जो असंतोष को जीते हैं, वे कैसे होते हैं?

असंतोष का संबंध हमारे जीवन की मूलभूत आवश्यकताओं से होता है। ये आवश्यकताएँ रोटी, कपड़ा, मकान से शुरू होकर यौन आवश्यकताओं, आक्रामकता की आवश्यकताओं अथवा मनोवैज्ञानिक आवश्यकताओं में से कुछ भी हो सकती हैं। कह सकते हैं जहाँ गरीबी, बेरोजगारी, सामाजिक हिंसा, पिछड़ापन आदि की बहुतायत होती है, वहाँ आत्मसंतोष-जैसी वास्तविकताएँ होती हैं।

अब यदि इन समाजों के सदस्य अपने अभावों में ही संतुष्ट हैं तो

निश्चित मानो, उन्होंने अपनी जिज्ञासा, अपनी उत्सुकता को कुंठित कर दिया है। अर्थात् वे जीते तो हैं, क्योंकि उनके लिए शरीर और उसकी संचालक शक्तियाँ ही प्रमुख हैं। वे प्रकृति के संपर्क में तो सुविधापूर्वक जी लेते हैं, लेकिन समाजों को संपर्क में आने पर?

ऐसे में आक्रामकता ही मदद करती है। अर्थात् शारीरिक धरातल पर तो कभी-कभी वे बाजी मार भी जाते हैं, लेकिन इसके आगे वे या तो विकसित समाजों के लिए मनोरंजन का काम करते हैं या फिर वे उनके शोषण का माध्यम बन जाते हैं।

पूछ सकते हो कि फिर मानव-अधिकार आयोगों की उपयोगिता क्या है?

उत्तर है–'शोषण के बर्बर माध्यमों पर रोक लगाना।' लेकिन इससे यह निष्कर्ष निकालना कि शोषण बंद हो गया–गलत है।

यही वह कारण है, जो अभावों में जीने वालों को 'विकास' जैसे शब्दों से दूर कर देता है।

अर्थात् उनकी विकास की संभावना समाप्त?

ऐसा तो नहीं समझा जा सकता। हाँ, इतना निश्चित है कि उनकी उत्सुकता को धारदार बनाना होगा। इस काम को शिक्षा के माध्यम से किया जा सकता है। मेरे विचार से तुम्हारा प्रश्न होना चाहिए कि अविकसित समाजों को अथवा असंतुष्ट व्यक्तियों को ऐसा क्या करना चाहिए, ताकि वे अपना विकास भी कर सकें और उनका शोषण भी कम-से-कम हो?

पहले हम असंतुष्ट व्यक्तियों को लेंगे।

वे जो आत्म-असंतोष के शिकार हैं, उनकी पहली कोशिश होनी चाहिए कि वे मृत्यु का अभ्यास करें। अर्थात् अपनी दिनचर्या में से एक ऐसा समय व स्थान निकालें कि वे प्रतिदिन ऐसा अभ्यास कर सकें, मानो मर गए हों। स्वयं से प्रश्न करें–'मुझे मर कर अब क्या चाहिए?'

प्रतिदिन मृत्यु का अभ्यास और संयम का जीवन। यही दो तरीके हैं, जिनकी सहायता से वे अपना विकास भी कर सकते हैं, और स्वयं को शोषण

से बचा भी सकते हैं।

हाँ, कभी-कभी आत्म-असंतोष तनाव में बदलकर अनेक स्नायु-रोगों को जन्म देता है। ऐसे में हमारे लिए संयम का अभ्यास थोड़ा कठिन होता है। जब ऐसी स्थिति हो तो हमें 'अनुरूपता-व्यवहार' अर्थात् इस प्रकार का व्यवहार करना चाहिए, जिसकी समाज हमसे अपेक्षा करता हो। हमारा इस प्रकार का आचरण हम में आत्मविश्वास भरता है। जैसे-जैसे हम महसूस करने लगें कि हम अपने अधिकांश कार्य आत्मविश्वास के साथ करने लगे हैं, हमें संयम का अभ्यास प्रारंभ कर देना चाहिए। हाँ, इस सबके साथ हमारा मृत्यु का अभ्यास प्रत्येक स्थिति में चालू रहना चाहिए।

इससे क्या होगा?

मृत्यु का अभ्यास हमें इस योग्य बना देता है कि हम अपने मन पर पड़े बोझ को आसानी से जरूरत पड़ने पर उतार सकते हैं। परिणामस्वरूप हम निष्पक्ष रूप से समस्या को देख सकते हैं। केवल इतना ही नहीं, जो अपने मन पर पड़े बोझ को निर्लिप्त भाव से उतार सकता है, वह अपनी मानसिक क्षमताओं व दक्षताओं को सूक्ष्म स्तर पर इस्तेमाल कर सकता है। स्थूल रूप में जो मृत्यु का अभ्यास करता है, उसका मन उसका मित्र बन जाता है। कहना चाहिए, सही अर्थों में वह अपना मित्र होता है।

अब रहा प्रश्न—अविकसित और अभावों में जीने वाले समाजों का?

तो कहना चाहिए कि जब तक इन समाजों के सदस्य इस प्रकार का आचरण नहीं करते, जिससे उनके समाज को शक्ति प्राप्त हो, तब तक न तो इन समाजों का विकास संभव है और न ही उनके शोषण की संभावनाएँ कम होंगी।

अर्थात् इन समाजों को अपनी संस्कृति, अपनी पहचान को बनाए रखने के लिए संघर्ष करते रहना चाहिए?

बड़ा कठिन प्रश्न है, क्योंकि संस्कृति और पहचान का हवाला देकर कट्टरपंथी, समाज को कूपमंडूक भी बनाते हैं। दरअसल, यह जिम्मेदारी समाज के नेतृत्व और बुद्धिजीवियों की बनती है कि वे समाज को ऐसे

जीवन-मूल्य दें, जिनसे उसके सदस्य बिना जटिलताओं में उलझे अपने आचरण से उसे शक्तिशाली बनाएँ।

इसी संदर्भ में कहना चाहिए कि सभी समाजों को ऐसी परिस्थितियाँ तैयार करनी चाहिए कि बुद्धिजीवी या तो आधुनिक संदर्भों में अपनी सांस्कृतिक धरोहर का नया भाष्य तैयार कर सकें, या फिर परिवर्तनशील समाज की आवश्यकताओं के अनुरूप नए जीवनमूल्य दे सकें।

इसका अर्थ यह हुआ कि आजकल जो लेखक बंधु धर्म की नवीन व्याख्या की आवश्यकता पर जोर दे रहे हैं, वे सही हैं?

हाँ, इस संदर्भ में तो वे ठीक ही हैं, बशर्ते उनकी नीयत में खोट न हो।

अर्थात्?

कुछ लोगों का काम अखबारों में छपते रहना होता है, वे भी इस प्रकार के नारे दिया करते हैं। ऐसा नहीं है कि यह नारे देना गलत है, लेकिन जब कोई आत्म-प्रचार के लिए ऐसा करता है तो वह सामाजिक शक्तियों को कुंठित करता है।

ये सामाजिक शक्तियाँ क्या होती हैं?

बड़ा टेढ़ा प्रश्न है। टेढ़ा इस अर्थ में कि इनकी प्रकृति अमूर्त होती है। जैसे हर आदमी के ईश्वर का स्वरूप उसकी कल्पना के अनुरूप होता है, वैसे ही सामाजिक शक्तियों का स्वरूप है। फिर भी ऐसा कुछ, जो हमें अपने समाज से जोड़े रखता है, जिसके कारण हम समाज से जुड़कर गौरव का अनुभव करते हैं—सही अर्थ में यह अमूर्त आकर्षण ही 'समाज की शक्ति' है।

कह सकते हैं कि जिन समाजों में आत्महत्या, बलात्कार और तलाक की घटनाएँ अधिक होती हैं, वे समाज विघटन के कगार पर खड़े होते हैं और भीतर से वे खोखले होते हैं।

ये समाज जब विकसित समाजों के संपर्क में आते हैं, तब इनके महत्त्वाकांक्षी सदस्य शोषण की संभावनाओं को विकसित समाजों तक पहुँचाते हैं।

क्या शोषण के लिए यह आवश्यक है कि शोषक को विकसित होना

ही चाहिए?

ऐसी कोई शर्त नहीं है। हाँ, मुख्य आवश्यकता है—आक्रामकता के मामले में बढ़-चढ़कर होना। अपनी आक्रामकता का हम निजी स्तर पर इस्तेमाल प्रतिस्पर्धात्मक खेलों में, सृजनात्मक इस्तेमाल विज्ञान और साहित्य के रूप में और सीधा-सादा इस्तेमाल सफलता के मामले में करते हैं।

लेकिन सामाजिक रूप से आक्रामकता को दो रूपों में ही इस्तेमाल किया जा सकता है। एक—समाज स्वयं को मालिकाना ढंग से प्रस्तुत करता है। अर्थात् संसार की सभी वस्तुएँ उस समाज के इस्तेमाल के लिए बनी हैं। उसी को उनके उपभोग का अधिकार मिला है। दो—समाज अपनी आक्रामकता का दमन करते हुए स्वयं को दूसरों के सामने चारे के रूप में प्रस्तुत करता है।

कौन-सा समाज आक्रामकता के मामले में कैसा दृष्टिकोण रखता है, यह इस बात पर निर्भर करता है कि उस समाज में किस प्रकार के जीवनमूल्यों को महत्त्व दिया जाता है। निश्चित रूप से जिन समाजों में नई पीढ़ी से आज्ञाकारिता, अनुशासन, आदर-सम्मान जैसे व्यवहारों की अपेक्षा की जाती है, वे समाज दूसरों के लिए चारे का ही काम करते हैं।

यदि आप नई पीढ़ी को आज्ञाकारी नहीं बनाना चाहते तो फिर क्या बनाना चाहते हैं?

वही, जो वह है। अर्थात् उसमें स्वयं को स्थापित करने की तड़प देखना चाहता हूँ। उसकी यही तड़प उसमें संघर्षशीलता का दम-खम भरने का काम करती है। कोई भी समाज, जिसके अधिकांश सदस्य स्वयं को स्थापित करने के मामले में संघर्षशील हों, उसे ज्यादा देर तक गुलाम बनाकर नहीं रखा जा सकता।

आपके इस जीवन-दर्शन में गांधी जी की अहिंसा को क्या स्थान मिला है?

निजी स्तर पर दुःखों से छुटकारा तब तक संभव ही नहीं है, जब तक हम मन से अहिंसा का पालन न करें। एक प्रकार से आत्मविकास के लिए संयम का अभ्यास तब तक संभव ही नहीं है, जब तक हमारी अहिंसा में श्रद्धा

नहीं है। लेकिन सामाजिक धरातल पर अहिंसा का अभ्यास बहुत संभव है कि हमें पिछड़ा बना दे। मेरी समझ में तो हमें स्पर्धा की भावना को आगे बढ़ाना चाहिए, ताकि हमारे नौजवानों को अपनी आक्रामकता को इस्तेमाल करने का मौका मिले।

इसका अर्थ तो यह हुआ कि आप गांधी जी को नकार रहे हैं?

यदि मेरे शब्दों की राजनीतिक व्याख्या की जाए तो आपके आरोप में दम है, अन्यथा तो गांधीजी भी मेरा ही समर्थ करते हैं। मैं नहीं समझता कि उन्होंने अहिंसा के मामले में पूरे समाज को कायर बनने की सलाह दी है। फिर, आमतौर से सामाजिक परिस्थितियाँ स्पर्धात्मक ही होती हैं। वहाँ हमें स्वयं को स्थापित करना होता है। इस स्थापित करने की प्रक्रिया में महत्त्वपूर्ण यह नहीं होता कि कौन जीता, कौन हारा–बल्कि यह होता है कि कौन जीवित रहा। और, जहाँ प्रश्न जीवन और मरण का हो, वहाँ जीवित रहना महत्त्वपूर्ण होता है।

नहीं समझे?

स्पर्धा की प्रकृति यदि जैविक है, तब अपनी आक्रामकता का इस्तेमाल ही बेहतर है; क्योंकि जिंदा रहना जरूरी है। किंतु स्पर्धा की प्रकृति यदि मनोवैज्ञानिक है, जैसे कि तुम अपने साथियों के बीच में स्वयं को एक नेता के रूप में स्थापित करना चाहता हो, तब आक्रामकता की तुलना में अहिंसा का पालन तुम्हारी अधिक मदद करेगा।

यहीं पर तुम्हारे विवेक की परीक्षा है कि वह स्पर्धा को बायोलाजिकल मानता है अथवा मनोवैज्ञानिक? यदि जैविक है तो स्पर्धा जीवन–मरण के प्रश्न से जुड़ी है। यदि मनोवैज्ञानिक है तो स्पर्धा महत्त्वाकांक्षा की पूर्ति से जुड़ी है।

इस कथन का सामान्यीकरण तो नहीं किया जा सकता। लेकिन यदि समाज का बौद्धिक नेतृत्व परिस्थितियों के अनुरूप जीवन–मूल्यों का निर्माण कर सके तो निश्चित रूप से वह सामाजिक शक्तियों को प्रखर बनाएगा। परिणामस्वरूप समाज के सदस्य अपने आचरण से समाज को शक्तिशाली बनाएँगे और उससे जुड़े रहने में गौरव का अनुभव करेंगे। निश्चित मानो, जिस समाज के सदस्य उससे जुड़े रहने में गौरव का अनुभव करते हैं, उस समाज

को अधिक देर तक गुलाम बना कर नहीं रखा जा सकता।

इस दृष्टि से भारतीय समाज के बारे में आप क्या सोचते हैं?

एक ऐसा समाज, जो अपने ही द्वंद्वों को जीता है। जिसने एक ऐसी जीवन-पद्धति का विकास किया है, जिसके चलते शोषकों को मेहनत करने की जरूरत ही नहीं। उन्हें तो बस अवसर का लाभ उठाना है। सिवाय राजनीति के, हमारे पास ऐसा भी कुछ है, जिसके आधार पर हमारे नागरिक भारतीय होने पर गर्व कर सकें, यह कम-से-कम मुझे नहीं मालूम।

ऐसी स्थिति तभी संभव होती है, जब भविष्य समाज के कर्णधारों के हृदय में किसी प्रकार की उत्सुकता नहीं जगाता। यही वह स्थिति है, जब मानवता असहाय होती है। जब आदमी के पास न कोई लक्ष्य होता है और न ही कोई सपना। उसके पास मात्र योग्यता होती है। और वह उस योग्यता का इस्तेमाल अवसर को भुनाने में करता है।

लेकिन यह व्यक्तियों की स्थिति है, समाज की नहीं। सामाजिक शक्तियाँ–यदि प्राकृतिक आपदा ने उन्हें निगल नहीं लिया है तो निश्चित मानो, चाहे संतुलन के लिए ही सही, ऐसे व्यक्तित्वों को आगे बढ़ाती हैं, जो इन परिस्थितियों में समाज को सपना दे सकें और नए जीवन-मूल्य दे सकें।

उठो! जागो! अब तुम और अधिक असंतोष को कोसते हुए निष्क्रिय नहीं रह सकते। यदि तुम्हारे पास लक्ष्य नहीं है तो उसको तैयार करो! जब लक्ष्य होगा तो तुम्हारे पास सपना भी होगा। जब उसे पाने का प्रयास करोगे तो संयम को अपने व्यक्तित्व का गुरुत्व केंद्र भी बनाओगे, अर्थात् वर्तमान के प्रति पूर्णरूपेण जागरूक भी रहोगे। तुम्हारी यही जागरूकता सामाजिक धरातल पर आत्मविश्वास को पुष्ट करेगी, तो निजी धरातल पर आस्थाओं से भरा जीवन देगी। और भविष्य के मामले में तुम्हारी आस्थाएँ, तुम्हारा आत्मविश्वास तुम्हें आशाएँ देंगे। ये आशाएँ ही तो संतोष का पर्याय होंगी। अर्थात् 'संतोष' मन की वह अवस्था है, जिसके चलते अनजाना भविष्य हमें सुखद लगता है और हम परिस्थितियों को सफलतापूर्वक अपने अनुरूप ढाल लेते हैं।

इस प्रकार सफलता हमारे चरण चूमने लगती है।

❑❑

जीवन की संपूर्णता

(सफलता, सहजता और समायोजन)

सफलता, सहजता और समायोजन! सफलता तुम्हें चाहिए, सहजता जीवन की आवश्यकता है, और समायोजन? इसकी दोनों को जरूरत है। कई बार लगता है कि ये तीनों आयु रूपी वृत्त की परिधि के बिंदु हैं। बिंदु इस अर्थ में कि संपूर्ण वृत्त में यह निश्चित करना लगभग असंभव है कि वृत्त का आदि (आरंभ) और अंत कहाँ होता है? सब कुछ तुम्हारे दृष्टिकोण पर निर्भर करता है। तुम चाहो तो अपने जीवनवृत्त को सफलता से प्रारंभ करके सफलता पर ही समाप्त करो। अर्थात् तुम्हारे लिए जीवन का पर्याय 'सफलता' हो सकती है।

तुम चाहो तो 'सहजता' को अपना जीवन-दर्शन बना सकते हो। जैसे भारतीय मनीषियों ने संयम अर्थात् सहजता को जीवन की उपलब्धि स्वीकार किया है।

यदि व्यापकता और गहनता तुम्हारे जीवन का आधार बन गई हैं, तब 'समायोजन' तुम्हारे जीवन का आदर्श बन जाता है, जिसका अर्थ है–तुम्हारे पास एक लक्ष्य है; जागरूकता तुम्हारे स्वभाव का अंग है; जीवन, जगत् और अपने भविष्य के प्रति तुम पूरी तरह से आस्थावान हो; अनजानी परिस्थितियों को लेकर तुम स्वयं में आत्मविश्वास से भरे हो, और भविष्य तुम्हारे मन में आशाओं का संचार करता है।

कह सकते हैं कि सफलता यदि जीवन का पर्याय है तो आदमी

व्यक्तिवादी होता है। नतीजा यह होता है कि आदमी सफलता की उपस्थिति में उत्तेजना का जीवन जीता है। सफलता की तैयारी अथवा अभाव की दशा में वह तनाव से भरा जीवन जीता है।

उत्तेजना अथवा तनाव-दोनों ही स्थितियों में हमारा संतुलन डगमगाने लगता है। संतुलन की अधिक डगमगाहट जहाँ एक ओर हमारी सफलता की संभावनाओं को गड़बड़ाती है, वहीं दूसरी ओर हमारे शारीरिक और मानसिक स्वास्थ्य को भी प्रभावित करती है। परिणाम होता है–हमारा रोगों की गिरफ्त में फँसना।

बात यहीं तक होती, तब भी गनीमत थी। गनीमत इस दृष्टि से कि जब सफलता का सुख हम लेते हैं तो फिर सफलता से भरे जीवन-दर्शन से उत्पन्न कष्टों को भी हमें ही भोगना है। फिर यह असंभव है कि 'मीठा-मीठा गप्प और कड़वा-कड़वा थू'।

जानते हो–आज जो हमारा सामाजिक ढाँचा चरमराता-सा लगता है, उसके पीछे सफलता का जीवन-दर्शन ही काम कर रहा है।

पूछो कैसे?

जो आदमी सफलता के लिए काम करता है, उसके सामने न तो जीवनमूल्य होते हैं और न ही सामाजिक स्तर पर मान्यता-प्राप्त विधियों के द्वारा सफलता प्राप्त करने के साधनों के प्रति उसके मन में कोई आस्था ही होती है। वह तो किसी भी प्रकार सफलता प्राप्त करना चाहता है। परिणाम यह होता है कि सफलता के जीवन-दर्शन वाला प्रत्येक व्यक्ति सामाजिक व्यवस्था को तोड़ने में गौरव का अनुभव करता है। ऐसे गौरव का महत्त्व तब और भी बढ़ जाता है, जब आदमी सफलता के घोड़े पर सवार होकर घड़ी की सुइयों के साथ दौड़ता है। इस प्रकार जब उसमें अपनी असफलता को सहन करने के स्थान पर उद्दंडता भर जाती है, तब सफलता सामाजिक शक्तियों को कमजोर बनाने लगती है।

'सफलता' की यह कीमत आदमी को विवश करती है कि वह अपने जीवन-दर्शन में 'सहजता' को भी स्थान दे। संभवतः सफलता के इस महत्त्व ने ही भारतीय योग को नए सिरे से जीवन-दान दिया। कहना चाहिए कि जिन

लोगों का जीवनयापन सफलता पर निर्भर करता है, उन्होंने शारीरिक कसरत को, जिसे अलग-अलग नामों से पुकारा जाता है, अपनी दैनिक चर्या में शामिल कर लिया है।

यद्यपि शारीरिक कसरत हमारे शरीर में रोगों के प्रति प्रतिरोधक शक्ति बढ़ाती है, लेकिन यह हमारी सहजता का पर्याय नहीं है। 'सहजता' का अर्थ होता है—तनाव-रहित जीवन। सहजता का सुफल होता है कि हम अपने मित्र होते हैं और हमारा मन हमसे मित्रता निभाता चलता है। जैसे-जैसे हमारे जीवन में सहजता आती जाती है, वैसे-वैसे हम अपने वर्तमान के प्रति जागरूक होते जाते हैं। जीवन के प्रति हमारी सहजता हमारे मन में स्वीकारोक्ति का भाव भरती जाती है। हम असफलता और उससे उत्पन्न कड़वाहट को झेलने की सामर्थ्य विकसित करते जाते हैं।

एक प्रकार से समझा जा सकता है कि सफलता का जीवन-दर्शन जीवन और समाज से जिस प्रकार की कीमत वसूलता है, सहजता उस हानि को पूरा करती है। अर्थात् सफलता हमें नितांत स्वार्थी बनाती है, जो एकपक्षीय होने के कारण हमारे दुःख का भी कारण होती है और दुःख से मुक्ति के चक्कर में हम समाज में और अपने संपर्क में आने वालों के जीवन में दुःख बिखेरते भी हैं। दूसरी ओर, सहजता का जीवन-दर्शन, सफलता से एक कदम आगे, हमें दुःखों से मुक्ति तो दिलाता ही है, साथ ही असामाजिक होने से भी रोकता है।

तुम्हारी शंका हो सकती है कि सहजता का जीवन-दर्शन हमें सफलता के मामले में पीछे धकेल देता होगा।

हाँ, तुम्हारी शंका सही है। विशेष रूप से तब, जब तुम सफलता को लेकर बहुत अधिक स्वार्थी हो जाते हो। लेकिन यह बड़ी विकट स्थिति होती है। यदि तुम्हारे सारे काम बनते चले जाएँ, तो मैं नहीं समझता कि तुम सफलता को लेकर तब भी उतने ही उत्तेजित होगे। वस्तुतः उत्तेजना अथवा तनाव हमारे खोखलेपन अथवा हमारे एकपक्षीय असहज जीवन-दर्शन को प्रकट करता है; अन्यथा सफलता हमारी सहजता में सम्मिलित है।

तो क्या सहजता ही आत्मविकास का पर्याय है?

नहीं। परंतु आत्मविकास का केंद्र-बिंदु यही है।

पूछो कैसे?

किसी भी विकास से पहले वस्तुस्थिति का ज्ञान आवश्यक है। कल्पना करो कि तुम किसी यात्रा पर निकले थे, किंतु भटककर किसी ऐसी अनजानी जगह पहुँच गए हो, जहाँ का अता-पता तुम्हें बिलकुल नहीं है। तात्पर्य यह कि तुम दिशा-भ्रम के शिकार हो गए हो। ऐसे में तुम क्या करोगे? तुम्हारा प्रयास होगा कि तुम पता लगाओ कि तुम हो कहाँ? जैसे ही तुम्हें अपनी स्थिति का पता चलेगा, तुम्हारे सामने अनेक बातें स्पष्ट होंगी। जैसे-तुम अपने गंतव्य से कितना भटके? अभी तुम्हें कितना चलना है? और फिर मंजिल के हिसाब से तुम हिम्मत जुटाओगे तथा खोई हुई शक्ति को संगृहीत करोगे।

इस विषय में जितना पुरुषार्थ करोगे, अपनी भावी यात्रा को लेकर तुम उतने ही सहज होगे। यानी तुम्हारा पुरुषार्थ ही तुम्हारी सहजता का पर्याय है, जिसके मुख्य अंग है वर्तमान के प्रति जागरूकता और उससे उत्पन्न कष्टों के प्रति स्वीकारोक्ति का भाव।

लेकिन सहजता विकास नहीं है। क्यों? ठीक वैसे ही, जैसे तुम अभी तक गंतव्य तक नहीं पहुँचे हो। हाँ, तुमने इसके लिए मानसिक तैयारी अवश्य कर ली है। यही वह तैयारी है, जिसके अभाव में गंतव्य तक पहुँचना असंभव है।

दरअसल, वर्तमान के प्रति जागरूकता और उस जागरूकता से उत्पन्न कष्टों के प्रति स्वीकारोक्ति का भाव जिंदगी की एक बहुत बड़ी आवश्यकता को पूरा करते हैं। लेकिन आम आदमी के लिए भविष्य का आतंक शेर के भय से भी बड़ा होता है। और इस आतंक से तब तक निपटा नहीं जा सकता, जब तक सामाजिक संदर्भों में हमें अपने कर्त्तव्य का ज्ञान न हो तथा उस कर्त्तव्य का हम पालन न करते हों; जब तक हम अपने 'होने' को सार्थक बनाने के लिए पुरुषार्थ न करते हों; जब तक जीवन और जगत् के संदर्भों में हमारे पास लक्ष्य न हो; जब तक हम अपने मित्र न हों; जब तक हमारा मन मित्रता निभाता हुआ भविष्य के प्रति आशाओं का संचार न करता हो।

ये सभी शर्तें हमसे अपेक्षा रखती हैं कि हम 'समायोजन' को अपना जीवन-दर्शन बनाएँ। सफलता का दर्शन हमें स्वार्थी बनाकर दुःख को भोगने

और दुःख को दूसरों में बिखेरने के लिए तैयार करता है, तो सहजता का दर्शन दुःख से मुक्ति की राह दिखाता है। लेकिन समायोजन का दर्शन न केवल हमें सफलता देता है, बल्कि दुःख से मुक्ति भी दिलाता है। मगर इसे तुम समायोजन की सीमा-रेखा मत मान लेना। क्योंकि यह तुम्हारा समायोजन ही है, जो तुम्हें–तुम्हारे होने को–तुम्हारे अस्तित्व को–सामाजिक संदर्भों में अर्थपूर्ण बनाता है। और जिन क्षणों में तुम्हें यह अर्थवत्ता प्राप्त होती है, वे क्षण ही तो तुम्हारी उपलब्धि के चरम शिखर हैं। जहाँ मात्र आनंद-आनंद–बस, आनंद की अनुभूति है। यही नहीं, यह आनंद उस समय जीवन और उसके चारों ओर बिखरना शुरू होता है, जब भविष्य हमारे मन में अपने प्रति मित्रता का भाव जगाता है।

कह सकते हो कि ये सब किताबी बातें हैं।

तुम्हारी तसल्ली के लिए, मेरी समझ में तो ये सब, सत्य का लेखन के माध्यम से उद्घोष है। क्योंकि समायोजित व्यक्ति के लिए जीवन और जगत् की सभी परिस्थितियाँ प्रेरक का काम करती हैं। वह अपने अस्तित्व को उपलब्धियों का पर्याय बना देता है। भविष्य उसके लिए चुनौती का माध्यम तो हो सकता है, लेकिन चिंता का कारण कभी नहीं बनता।

अगर तुम्हें अब भी यकीन नहीं आता, तो एक काम करो! अपने आस-पास ऐसे लोगों को तलाश करो, जो एक-दो वर्षों में रिटायर होने जा रहे हों। उनमें भी ऐसे लोगों को तलाश करो, जो अपनी उपलब्धियों के लिए जाने जाते हैं; जिनके बेटे-बेटियाँ शादी-ब्याह और काम-धंधे के मामले में स्थिर हो गए हैं। इसके साथ ही ऐसे लोगों को खोजो, जिनकी बेटियाँ तो विवाह-योग्य हैं और बेटा अभी बच्चा ही है, जो अपने साथियों की तुलना में पिछड़ गए हैं, जिनके पास उनका अपना घर भी नहीं है, और 'रिटायरमेंट' की तारीख सिर पर आ गई है।

–अब दोनों के व्यवहार को समीप से देखो, उसका निरीक्षण करो और आपस में तुलना करो।

मेरा विचार है कि तुम्हें समायोजन के दर्शन का महत्त्व समझ में आ गया होगा। लेकिन तुम्हारे मन में एक शंका जागी होगी कि ऊपर की सभी

परिस्थितियाँ, जैसे बेटे-बेटियाँ, उनका 'सैटिलमेंट' आदि आदमी के हाथ में कहाँ है? जब हाथ में ही नहीं है तो फिर समायोजन क्या करेगा?

वैसे तो मैं इस बात को किसी और संदर्भ में समझा चुका हूँ, फिर भी इसे ठीक से समझ लो!

जहाँ तमाम प्रक्रियाएँ आपस में मिलकर वृत्त का आकार ले लेती हैं, वहाँ आदि और अंत का निर्णय द्वंद्वात्मक होता है। जैसे यह कभी भी तय नहीं हो सकता कि ब्रह्मांड का प्रारंभ कैसे हुआ और अंत कैसे होगा?

–मुर्गी पहले हुई या अंडा पहले हुआ?

–नियति और कर्म में कौन प्रमुख है?

ये सब अंतहीन शंकाएँ हैं। तुम चाहो तो सारी जिंदगी बहस करते रहो और किसी भी निष्कर्ष पर न पहुँचो।

यही तुम्हारे विवेक की परीक्षा है। तुम्हें अपने पुरुषार्थ को, स्वयं को अर्थपूर्ण बनाना है। जो इस कसौटी पर खरे उतरते हैं, वे ही समायोजन को अपना जीवन-दर्शन बना पाते हैं। उन्हीं के लिए सफलता की कोई सीमा नहीं होती। असफलता उन्हें हताश नहीं करती, बल्कि वे उसे चुनौती के रूप में स्वीकार करते हैं। और भविष्य? भविष्य उनके मन में या तो आशाओं का संचार करता है अथवा तुष्टि का भाव जगाता है। भविष्य के समान ही मृत्यु उन्हें डराती नहीं है। वरन् उसके वरण-हेतु (प्रेमिका को गले लगाने की तरह) वे तत्पर रहते हैं।

इसका अर्थ तो यह हुआ कि 'आत्मविकास' आत्महत्या को स्वीकारता है?

नहीं भई! वर्तमान जब कष्टकर होता है और भविष्य आतंकपूर्ण, ऐसे में मृत्यु की इच्छा आत्महत्या की प्रतीक है। लेकिन जब सब कुछ संतोषजनक है और जीवन चुकने लगा है, ऐसे में मृत्यु के प्रति स्वीकारोक्ति का भाव आत्मविकास का ही एक चरण है। सच तो यह है कि ऐसे में मृत्यु जीवन को संपूर्णता प्रदान करती है।

❑❑

